EDUCAR SIN GRITAR

EDUCAR SIN GRITAR

Padres e hijos: ¿convivencia o supervivencia?

Guillermo Ballenato

la esfera de los libros

Primera edición: enero de 2008
Decimosexta edición: febrero de 2018

Avenida de Alfonso XIII, 1, bajos
28002 Madrid
Teléf.: 91 296 02 00 • Fax: 91 296 02 06
Pág. web: www.esferalibros.com

Diseño de cubierta: Rudesindo de la Fuente
Ilustración de cubierta: Stock Photos
ISBN: 978-84-9734-688-7
Depósito legal: M-53.789-2007
Fotocomposición: J. A. Diseño Editorial, S. L.
Impresión: Anzos
Encuadernación: De Diego
Impreso en España-*Printed in Spain*

Índice

A todas aquellas personas que tienen el privilegio de educar y que, conscientes de su responsabilidad, intentan hacerlo mejor cada día.

Agradecimientos

Quiero dar las gracias a mis amigos, compañeros, colegas de profesión, padres y alumnos, por su constante estímulo y motivación.

Gracias a Celia Ballenato, Manuel del Amo y Alfonso Fernández-Martos, tres excelentes personas y profesionales de la psicología, por sus valiosas sugerencias y comentarios acerca del contenido del libro, pero sobre todo por los ánimos, paciencia, afecto y amistad que siempre me brindan.

Gracias también a la Universidad Carlos III de Madrid, a toda la comunidad universitaria, por su confianza y aliento, y por su calidad humana y profesional. Demuestran a diario que la función educativa va más allá de la mera transmisión de conocimientos, buscando la formación y el desarrollo personal integral tanto de sus alumnos como del personal docente y de administración. Algunos cursos como «Padres e hijos. Claves para educar» o «Educación, aprendizaje y modificación de conducta: aplicaciones en el ámbito familiar» revelan su compromiso con la temática del presente libro.

Gracias a Amelia y a nuestras hijas Paloma e Irene, que llenan mi vida y que se han mostrado en todo momento dispuestas a ceder parte del tiempo que compartimos juntos para permitirme escribir este libro.

Quisiera expresar de un modo especial mi reconocimiento personal a don Agustín García Matilla, profesor de Periodismo y Comunicación Audiovisual, y director de Comunicación de dicha universidad, por su indiscutible capacidad de trabajo y excelencia profesional, y su valiosa aportación constante a la tarea de la mejora de la educación. Desearía destacar su calidad humana, su compromiso con los valores humanos y su ejemplo de respeto, solidaridad y motivación. Deseo manifestarle mi agradecimiento por su amabilidad al realizar el prólogo del libro.

Y gracias también a quienes habéis decidido adentraros en su lectura, por vuestra confianza y vuestro interés.

GUILLERMO BALLENATO PRIETO
gballenato@cop.es
www.cop.es/colegiados/m-13106

Prólogo

La educación no puede concebirse sin la idea de intercambio, de relación y de comunicación con «el otro». La comunicación empieza en el claustro materno cuando el feto percibe y reacciona ante un mundo de sensaciones tamizadas a través de la madre. El primer gesto de creatividad empieza con el vagido del nacimiento que anuncia la llegada al mundo y puede continuar con el primer contacto del bebé con la madre. Ese vínculo debería producirse idealmente tras el primer cachete que provoca un contacto frío, inicial y distante, de acción-reacción. El bebé reconoce la piel de la madre y se aferra a ella, como una forma de vínculo, el más cálido, con el mundo. Por su parte la madre puede reconocer a su bebé por el olfato, el tacto, la vista, el oído y hasta el gusto.

Imaginemos que ese vínculo no se produjera, ni en los instantes inmediatos al nacimiento, ni nunca. La tragedia que supone la muerte de la madre o el abandono del bebé es una experiencia traumática que, en caso de ocurrir, debe ser atenuada por otras acciones compensatorias. Las imágenes de las niñas chinas abandonadas en lúgubres orfanatos produjo una reacción indignada por parte de la sociedad occidental. Cuando la BBC transmitió en 1995 esas terribles imágenes pudimos ser conscientes de la más nítida ilustración de lo que significa sentir el abandono. La imagen del abandono de un niño es la peor pesadilla para un ser humano.

La literatura científica nos dice que desde la fase fetal el futuro bebé recibe la influencia de una comunicación molecular, sensorial e intuitiva que va a resultar muy importante para su adaptación y conexión con el mundo.

El feto, a partir de su cuarto mes de maduración, tiene capacidades sorprendentes y, por ejemplo, en el quinto mes es normal que logre introducir el pulgar en su boca, lo que anticipa el reflejo de succión que será necesario para su posterior alimentación tras el nacimiento. En esa misma época es ya capaz de adaptarse a los movimientos de la madre. Reacciona cuando oye ruidos externos muy fuertes y también tiene reflejos táctiles. Se ha llegado a fotografiar la mano de un feto de veintiuna semanas que fue operado en Estados Unidos para controlar prematuramente aspectos de «espina bífida». En la imagen podía observarse la forma en que esa mano mínima se asía con naturalidad a uno de los dedos del cirujano.

Desde su nacimiento el niño es un perceptor activísimo de estímulos. Es conocida la importancia de que el recién nacido establezca el vínculo con la madre y de ahí que en esos primeros instantes, tras el alumbramiento, la madre reciba al pequeño y lo acoja junto a su pecho. El bebé y la madre establecen una primera relación de empatía. La arquitectura cerebral del nuevo ser humano empieza a conformarse antes del alumbramiento y el primer año de vida cobra importancia decisiva en este proceso de maduración.

Las experiencias emocionales de este periodo han sido estudiadas como fundamentales para el futuro desarrollo del niño;

sin embargo, si consideráramos ese primer periodo de nuestra experiencia vital como una especie de trailer anticipatorio de lo que vamos a llegar a ser en etapas sucesivas, una especie de *flash forward* de la vida, estaríamos negando cualquier oportunidad a la educación. El peso de los condicionantes vividos en la etapa fetal y en el primer año de vida anularía toda esperanza de maduración, crecimiento personal y aspiración al logro de una autonomía crítica de la persona. Estaríamos negando la capacidad del individuo para erigirse en protagonista de su propia vida.

La niñez es el periodo de entrenamiento más importante para aprender a vivir el resto de la vida. El drama actual es que en las sociedades occidentales tendemos a hablar de educación de manera sumamente frívola. Por una parte tenemos menos hijos, pero también parece que tenemos mucho menos tiempo para dedicarles. La independencia de la mujer no ha sido compensada por una paralela responsabilización del hombre en las tareas de atención a los hijos.

Algunos piensan que la tarea de educar sólo le compete a la escuela y más adelante al instituto y a la universidad. Sin embargo, los profesores no pueden compensar las carencias educativas que el niño sufre en el entorno familiar, ni reparar la mala educación que impregna determinados comportamientos que son promovidos desde otras instancias como los medios de comunicación o determinadas formas de interpretar la política. No podemos encargar a la escuela que dote a niños y adolescentes de la afectividad que éstos no han tenido en su entorno familiar. La escuela tampoco puede estructurar a familias desestructuradas, ni puede evitar la violencia que se produce en algunos hogares.

Podemos concluir que vivimos en una múltiple hipocresía, ya que las sociedades modernas delegan en la escuela lo que no tienen tiempo de resolver en los hogares. Por este motivo resulta urgente dotar de herramientas que ayuden a padres, profesores, niños y jóvenes a poder reaccionar frente a una sociedad que no piensa en términos educativos aunque crea hablar de educación. Vivimos la mala educación, hablamos de mala educación, pero no parecemos preocuparnos por hacernos la pregunta de hasta dónde tenemos responsabilidad, más o menos directa, en esa mala educación que parece flotar en el ambiente y que criticamos tanto.

La frase de José Ortega y Gasset «yo soy yo y mi circunstancia y si no la salvo a ella no me salvo yo» debería ser releída en la actualidad desde una nueva mirada provocadora. No sólo somos responsables de mirar introspectivamente nuestra circunstancia y tratar de mejorar nuestra situación en el mundo; somos responsables de cambiar a mejor las circunstancias de nuestros congéneres. Esa tarea comienza por nosotros mismos, tratando de ser mejores personas, y continúa por la disposición de ayuda y colaboración con las personas a las que estimamos, familiares o amigos; el círculo se abre al mundo de nuestras relaciones laborales, tratando de influir con un trabajo bien hecho en ese entorno que, cuando tenemos la suerte de no estar ociosos, ocupa al menos un tercio de nuestro tiempo vital, y se amplía aún más, idealmente, a cualquier actividad que realizamos en nuestra existencia.

El libro que tenéis en vuestras manos está escrito por una de esas personas que piensan la educación y trabajan por la educación de manera integral. Guillermo Ballenato es un psicólogo que no produce manuales de autoayuda que intentan resolver los problemas de las personas a base de recetas. Ballenato no es un hombre que quiera convertirse en gurú y salvador de las almas de sus lectores o que escriba libros para hacerse rico.

Mi amigo Guillermo es un hombre fundamentalmente bueno, bueno personalmente y profesionalmente. Un psicólogo vocacional que es capaz de enunciar preguntas para que los lectores piensen a partir de la incertidumbre y compartan algunas certezas para volver a hacerse nuevas preguntas.

Este libro está pensado para aquellas personas que admiten tener incertidumbres, que no se conforman con recetas manidas o lugares comunes; está escrito para aquellos que tienen la generosidad suficiente como para cuestionarse su relación con los hijos, que aceptan haberse equivocado algunas veces en la forma de resolver los conflictos y que están dispuestos a aprender permanentemente.

Guillermo Ballenato lleva casi una década trabajando en la Universidad Carlos III de Madrid, una institución con la que ambos nos identificamos y que tiene como lema «*homo homini sacra res*», frase de Séneca que podemos traducir como «el hombre es algo sagrado para el hombre». Este espíritu impregna todo el libro de Guillermo Ballenato.

La Carlos III de Madrid es una universidad prestigiosa que ha cumplido dieciocho cursos de existencia; en todo este tiempo se ha ocupado de generar herramientas que ayuden a padres y profesores a educar mejor a los futuros universitarios. No es una casualidad que Guillermo Ballenato haya trabajado en estos últimos años de manera muy estrecha en esta institución con profesores de diversos niveles educativos. Las conclusiones de su trabajo con educadores en todo este periodo impregna las páginas de su libro y lo dota de un valor añadido que se concreta en cientos de intercambios valiosos.

La educación es el arte de enseñar a pensar el mundo de manera autónoma y de forma crítica. La educación debe dar a cada persona, sin excepción, la posibilidad de aprovechar sus potencialidades y de reconocer las propias limitaciones, mostrando estrategias de superación, enseñando a vivir en sociedad de manera pacífica, apreciando a las otras personas, cultivando formas de enriquecimiento de la personalidad a través de un progresivo acercamiento a la cultura.

La acción educativa es una tarea de toda la sociedad. Este libro ayuda a tomar conciencia de esa responsabilidad y apunta estrategias para no dimitir de esa tarea educativa imprescindible; no sólo debería ser leído por padres o profesores, sino por todas aquellas personas que son conscientes de la importancia de ayudar a niños y adolescentes a construir su propia personalidad desde la responsabilidad y el respeto al otro. Escuchar a los niños y darles la palabra es también una muestra de autoridad responsable. Es nuestra obligación crear cauces de comunicación que eliminen los ruidos y rompan con la rutina de silencio que encubre nuestros miedos y alimenta nuestras mutuas inseguridades.

AGUSTÍN GARCÍA MATILLA
Director de Comunicación de la Universidad
Carlos III de Madrid

Presentación

Si al educar a un niño te sorprende su falta de habilidad, trata de escribir con la mano izquierda. Recuerda que un niño es todo él una mano izquierda.

ANÓNIMO

A día de hoy puedo afirmar que la condición como ser humano de la que más orgulloso me siento es la de padre. Tengo dos hijas adolescentes en las que, desde que nacieron, hemos intentado poner ilusión, dedicación y amor.

Al igual que le ocurre a muchos padres y madres, me cuesta expresar con palabras los sentimientos hacia mis hijas. El lenguaje parece quedarse corto cuando intentamos comunicar emociones tan especiales y profundas. Lo cierto es que los hijos, cuando nacen, pasan a formar parte de nuestra vida. Nos costaría mucho entender nuestra existencia sin ellos.

La vida se llena al principio de desvelos, biberones y papillas, pediatras, guardería, colegio. Hay mucho que enseñar y todo por aprender. Los días se llenan con horas de juego, de parque, de risas; hay momentos de diálogo y también de discusión y debate.

El tiempo parece pasar muy rápido, y esa sensación resulta cada vez más acusada. Con el paso de los años me reafirmo cada día más en que todo el esfuerzo y la dedicación que se ponen en la educación, especialmente en los primeros años, están sobradamente justificados y compensados.

Muchos padres y madres estarán probablemente de acuerdo en que la educación de los hijos es una labor tan apasionante como compleja. Y es que la función educativa se convierte en ocasiones en una tarea ardua y difícil. Sin embargo, cuando se realiza con conocimiento y responsabilidad es una experiencia única, ilusionante.

Mi intención es que estas páginas puedan servir de guía, de orientación y de reflexión para los padres. A pesar de que muchos de ellos se desviven por sus hijos, su esfuerzo no llega a dar —por diversos motivos— los frutos esperados. Aquí pueden encontrar algunas claves y diversas estrategias que, sin duda, les resultarán útiles.

Los contenidos que expongo en este libro no son sólo fruto de la profundización teórica en el campo de la psicología y la pedagogía, especialmente en el apasionante tema del aprendizaje y la educación. Son producto también de una doble experiencia: por un lado, la práctica clínica como psicólogo y el trabajo que realizo en entornos educativos y en el ámbito universitario; por otro, mis propias vivencias personales y, lo que es más importante, mi experiencia como padre.

El presente libro desarrolla algunas de las principales estrategias para educar a los hijos. Sus páginas profundizan en los aspectos esenciales y animan a fomentar y construir una educación más positiva a partir de cinco pilares básicos:

- El afecto, el cariño, la aceptación y el reconocimiento.
- El diálogo, la comunicación, la escucha y la comprensión.
- La autoridad, aplicada desde la competencia y la ecuanimidad.
- La coherencia, el criterio y el sentido común.
- El respeto, la consideración y los valores humanos.

Si los padres nos aplicamos en cada uno de ellos, y dedicamos las dosis necesarias de paciencia y constancia que requiere la tarea educativa, los resultados pueden ser muy beneficiosos para la convivencia y, lo que es más importante, para el desarrollo equilibrado y pleno de nuestros hijos.

Mejorar la comunicación entre padres e hijos contribuye a establecer y mantener unas relaciones más positivas, sanas y equilibradas en el entorno familiar.

También se pone de relieve la importancia de transmitir valores y de buscar el desarrollo personal integral de los hijos. Y se destaca la necesidad de lograr un equilibrio razonable entre la libertad y la necesaria autoridad.

La educación es probablemente el mejor legado que podemos dejar a nuestros hijos. Es un patrimonio que les acompañará durante toda su vida.

Aunque existe una continuidad en las bases sobre las que se asienta el aprendizaje y la educación, el tema siempre está inmerso en una permanente actualización y sometido a continua revisión. Las peculiaridades de cada nueva generación y los rápidos e incesantes cambios que experimenta la sociedad convierten una y otra vez la cuestión de la educación de los hijos en un tema de actualidad.

Muchos padres están llenos de buenos propósitos a la hora de educar. Lo hacen según su criterio y con la mejor intención, pero se plantean dudas sobre si estarán haciéndolo bien. Se preguntan cómo hacerlo y, lo que es más importante, buscan explicaciones que justifiquen por qué deberían hacerlo así.

Pero antes de ponernos manos a la obra, dispuestos a conocer y aplicar nuevas estrategias, conviene revisar algunas cuestiones sobre nuestra propia experiencia y nuestro papel como padres. Es necesario buscar espacios y momentos para poder reflexionar y profundizar en el conocimiento y el análisis de nuestra forma de educar, en la eficacia de los métodos que utilizamos y en su adecuación al contexto social actual.

Podemos formularnos algunas preguntas que nos sirvan de punto de partida para ese análisis:

- ¿Cómo fue la educación que recibimos en su día de nuestros padres?
- ¿Cuáles son nuestras principales virtudes y cualidades personales?
- ¿Qué defectos podemos pulir y mejorar?
- ¿Qué criterios aplicamos para educar a nuestros hijos?
- ¿Conocemos estrategias para hacerlo de forma adecuada?
- ¿Hay acuerdo entre nosotros sobre la manera de educar?
- ¿Qué valores les transmitimos y de qué modo lo hacemos?
- ¿Cómo es nuestra relación con los hijos?
- ¿Nos comunicamos adecuadamente con ellos?
- ¿En qué aspectos podemos mejorar?

Reflexionar sobre la educación es adentrarnos en nuestra propia forma de ser y de concebir el mundo. Nos ayuda a conocernos un poco mejor, a descubrir de qué modo establecemos y mantenemos esas relaciones humanas tan estrechas. Optimizar la convivencia en el entorno familiar es una de las mejores contribuciones que podemos hacer al equilibrio y al desarrollo personal de todos y cada uno de los miembros de la familia.

Este libro intenta conjugar los conocimientos teóricos y la aplicación práctica de los mismos. Es necesario procesar las claves de las diversas teorías para traducirlas y trasladarlas al día a día de cada padre y de cada familia. Sus argumentos son fruto de la investigación, de la teoría, de la experiencia, de la práctica clínica, de la orientación a padres, de la formación.

Cabe destacar en esta presentación algunas ideas esenciales, referidas a la educación de los hijos. De entrada, la enorme e innegable importancia de ésta, así como la necesidad clara de formación e información dirigida a los padres. Y, casi como una consecuencia que se deriva de las dos anteriores, el gran valor y la indiscutible utilidad de la prevención.

La educación es, sin duda, una cuestión compleja. Las circunstancias, características y contextos personales con las que nos podemos encontrar son muy diversos. Se multiplican las posibilidades y las opciones a la hora de tomar decisiones sobre lo que puede ser la estrategia educativa más adecuada.

¿Qué ocurre en la práctica? Unas técnicas resultan tan obvias que con frecuencia se olvidan. Otras pueden parecer extrañas o inútiles a falta de una explicación más profunda y clara sobre su justificación y forma de aplicación. Y algunas pueden dar la impresión de ser tan complejas que no se llegan a poner en práctica, o se abandonan casi al empezar a trabajar con ellas. Si se aplican de modo inadecuado, o no somos constantes y sistemáticos en su aplicación, su eficacia sólo será relativa.

La persona que aborda la tarea de educar tiene en sus manos una gran responsabilidad y dispone de un gran poder de influencia que también tiene que saber gestionar de un modo adecuado. Sus palabras y su conducta son un referente, un modelo a imitar.

Las palabras del educador transmiten sus expectativas y son capaces de desarrollar actitudes, despertar emociones y alentar comportamientos.

El presente libro revisa los contenidos más relevantes de la educación de los hijos. El lector descubrirá en sus páginas algunas claves que puede tener presentes a la hora de educar, diversos argumentos que reafirmarán, modificarán o renovarán sus criterios educativos, contenidos para la reflexión, el autoconocimiento y la mejora, en suma, estrategias que le permitirán realizar de una forma más positiva su tarea educativa.

Los temas que se desarrollan están estructurados de la siguiente forma:

- Reflexiones sobre el valor de la *educación* de los hijos a modo de introducción general.
- La *familia* como sistema que evoluciona e incluso puede romperse.
- Diferentes aplicaciones de los principios del *aprendizaje* a la educación.
- La utilidad y el manejo de los *refuerzos* para premiar la conducta.
- Diversos consejos para ejercer la *autoridad* de un modo eficaz.
- Reflexiones sobre las conductas *violentas* en los jóvenes.
- Consejos para una *comunicación* más eficaz en el entorno familiar.
- Estrategias para abordar los *conflictos.*
- Propuestas para afrontar la complejidad de la *adolescencia.*
- La mejora del *estudio* y del aprendizaje de los hijos.
- La transmisión de *valores* desde la educación.
- Propuestas para educar en la *sociedad actual.*
- Consejos finales a modo se conclusión y de *resumen.*
- *Bibliografía.*

Educar a los hijos no es sólo una cuestión de toma de conciencia o de adquisición de determinados conocimientos. Nuestros buenos sentimientos no nos convierten automáticamente en buenos educadores. Educar requiere un esfuerzo consciente en el que con frecuencia será necesario revisar nuestras actitudes, aprender a conocernos mejor y a conocer, entender y descubrir a nuestros hijos, modificar hábitos a veces muy arraigados, revisar determinadas habilidades sociales que se ponen en juego en nuestra relación con los hijos.

Algunas familias no encuentran en el hogar apoyo, ni salidas a sus conflictos y problemas cotidianos. En algunos casos, éstos incluso se agravan en el entorno familiar, y se enrarecen las relaciones. Los miembros se limitan casi a sobrevivir y a soportar con resignación el tiempo que tienen para estar juntos.

Este libro pretende ser una contribución a la mejora de la educación y las relaciones familiares. El hogar no es un sitio de paso, que únicamente satisface necesidades básicas propias de la supervivencia, como la alimentación o el sueño. Es un espacio que debe posibilitar una convivencia real, para el aprendizaje y el enriquecimiento mutuo, para la armonía, el bienestar y la felicidad de todos y cada uno de sus miembros.

Capítulo I
El valor de la educación

La educación es lo que sobrevive
cuando lo que aprendimos se olvida.
BURRHUS FREDERIC SKINNER

Educación y prevención

La sociedad se construye desde la *educación*, que constituye el pilar fundamental sobre el que se sustenta la convivencia, el bienestar y el progreso social. Somos seres sociales, necesitamos de los demás, nos educamos junto a ellos. Desde que nacemos aprendemos a comunicarnos y a relacionarnos con nuestros semejantes, y adquirimos determinadas conductas que nos permiten interactuar con nuestro entorno y con las personas que nos rodean. Damos pasos que nos ayudan a avanzar y a entender cómo funciona el mundo en que vivimos.

Nuestra principal referencia está en nuestro entorno más cercano. Las personas que están en él, generalmente padres y hermanos, son poderosos *modelos* que nos van mostrando conductas, pautas de interacción, estrategias para resolver problemas. Nos transmiten formas de hablar, ideas acerca del mundo, creencias, valores.

Desde que adquirimos la condición de padres pasamos a serlo a tiempo completo. Eso implica que uno es padre o madre las veinticuatro horas del día. Sin embargo, ¿estamos *preparados* para educar? Ésta es la cuestión principal.

La realidad es que muchos padres se lanzan a la tarea de educar a sus hijos como buenamente pueden, sobre la marcha, según su criterio, y a partir de lo que aprendieron a su vez de sus propios padres. Entienden que su misión consiste principalmente en repetir pautas educativas similares a las que vieron utilizar a éstos, e intentan subsanar en otros casos aquello que consideraron erróneo de esa educación que recibieron.

No deja de resultar sorprendente y paradójico que para conducir un coche debamos adquirir una *formación* previa específica y superar unas pruebas en las que demostremos nuestros conocimientos y habilidades, y sin embargo para conducir una vida desde sus inicios se dé por hecho que nos sirve con la intuición o el sentido común. Según esto, cualquier persona estaría preparada para educar a sus hijos, cosa que, evidentemente, no es así. Para «guiar» algo tan delicado deberíamos disponer de algunas pautas claras, de un manual de referencia, e incluso me atrevería a decir que de un carné de padre por puntos.

Afortunadamente, son bastantes los padres que deciden recibir una formación que les aporte estrategias para educar de forma adecuada. Podemos aprender a educar a los hijos antes incluso de ejercer como padres, o bien plantearnos la cuestión cuando llega el momento. No debemos esperar a que surjan las dificultades y los problemas para cuestionarnos entonces qué hemos debido de hacer mal y cómo podríamos haberlo hecho mejor.

Aprender a educar es *prevenir*. Muchas intervenciones profesionales en el ámbito familiar serían innecesarias si se hubiese realizado una labor previa de prevención, si se hubiera recibido una formación al menos básica que permitiese aplicar desde un inicio, ya desde el nacimiento del niño, muchos de los consejos que se exponen en el presente libro. Resulta más difícil intervenir cuando el conflicto ya se ha desatado, la situación se ha enquistado, y sus consecuencias han empezado a enturbiar la dinámica de las relaciones familiares.

En este sentido, probablemente los tres *primeros* años de la vida resultan decisivos. Constituyen una etapa en la que el niño comienza a construir su imagen del mundo y va configurando su forma de interactuar con él. Es un periodo crítico en el que las experiencias que se han vivido dejan una huella importante. Esto no quiere decir que lo que haya ocurrido en esos primeros años de la vida sea tan definitivo que no dé opción a posibles cambios posteriores que permitan mejorar o corregir, por ejemplo, posibles déficits.

Diversos *profesionales*, como es el caso de psicólogos, pedagogos, profesores y expertos afines, tienen el privilegio de conocer el tema de la educación por su propia formación académica. Esto les permite disponer de todo un arsenal de criterios y estrategias.

Lo cierto es que muchas nociones y conocimientos básicos de *psicología* deberían estar al alcance de todas las personas. Constituyen un complemento necesario de la formación personal y aportan herramientas fundamentales para entender los principios que rigen la conducta, el pensamiento, las emociones y las relaciones humanas.

Pero, aunque educar requiere conocimiento y madurez, también precisa ilusión y deseo, y éste es el verdadero motor que afortunadamente mueve a muchos padres.

El papel de la familia

Sois como arcos por donde vuestros hijos,
como flechas vivas, se proyectan.
KHALIL GIBRAN

La sociedad se va adaptando progresivamente a las nuevas estructuras familiares que van surgiendo. Algunas resultan más complejas, y las interacciones entre sus miembros ya no ofrecen la claridad del reparto de funciones que era característico de la familia nuclear. Esta circunstancia hace necesario el establecimiento de nuevos encajes y adaptaciones en la relación familiar.

Los padres deben ir ajustándose a las nuevas circunstancias que se presentan en muchas familias, de modo que puedan garantizar el desempeño eficaz de sus funciones primordiales con respecto a los hijos:

- *Cuidar las necesidades básicas:* alimentación, protección, sostenimiento económico.
- *Asegurar el bienestar emocional y el desarrollo psicológico:* procurar seguridad y estabilidad, proporcionar afecto.
- *Socializar*: transmitir la cultura y las normas que posibiliten su integración y adaptación social.
- *Inculcar valores:* establecer una conciencia moral en el niño, también como parte de su socialización.
- *Desarrollar la autonomía:* posibilitar su individualidad, promover su desarrollo e independencia, facilitar su futura emancipación.

Además de los importantes roles como padre y madre, en las relaciones familiares los integrantes de la familia desempeñan papeles diversos: cónyuge, hijo/a, hermano/a. Cada miembro puede desempeñar parte de las funciones familiares, encargándose de realizar algunas actividades que son necesarias para que la familia desarrolle de modo eficaz las funciones que le son propias.

Hay tareas que han sido asignadas tradicionalmente a miembros determinados, generalmente por convencionalismos sociales acerca del sexo del progenitor. En la actualidad se ha propiciado un mayor enriquecimiento de la familia, ya que se intentan compartir y repartir los quehaceres de forma más igualitaria, y se fomenta claramente la participación y la cooperación de todos.

Hoy en día, por ejemplo, se considera algo normal que el padre intervenga activamente en el cuidado de los más pequeños, o que la madre participe igualmente en el sostenimiento económico de la familia. Esto es especialmente beneficioso para la familia, siempre y cuando las ocupaciones externas de ambos progenitores no resulten incompatibles con la necesaria dedicación a las tareas de cuidado, atención y educación de sus hijos. Y esto es así de un modo especial durante los primeros años.

Por otra parte, en un intento de llevar al extremo la igualdad a la hora de democratizar excesivamente las relaciones familiares, en algunos casos se está llegando a correr el riesgo de confundir y entremezclar los roles. Los papeles de padre-madre por un lado, y los de hijo-hija por otro, deben quedar bien diferenciados en cuanto a sus funciones. Todos tienen obligaciones y derechos que deben ser aclarados, reconocidos y respetados. Vemos que en algunas familias son los hijos los que deciden, mientras que los padres no orientan, no dirigen y no ponen límites. Es evidente que tienen desdibujado su papel y están confundiendo su rol.

Pero los roles también deben ser suficientemente flexibles para que se puedan adaptar progresivamente y evolucionar según el niño vaya creciendo. Los límites irán siendo, en general, más flexibles e irán cambiando en función de la edad del niño. El adolescente y el joven deben ir adquiriendo algunas responsabilidades y privilegios que serán propios de su edad. La adaptación de los roles en esas edades tiene mucho que ver con la necesaria democratización de las relaciones familiares.

La sociedad actual y la familia

La sociedad va *evolucionando* a una velocidad que a veces nos resulta desconcertante. Cada época va marcando unas costumbres, va dando prioridad a unos determinados valores y va determinando unas pautas de convivencia diferentes. Hemos ido viendo en las últimas décadas la influencia definitiva que han tenido diversos factores:

- Las distintas formas que adopta la estructura familiar.
- El incremento de la tasa de divorcios.
- La progresiva integración de la mujer en el ámbito laboral.
- El crecimiento de los grandes núcleos urbanos.
- La difícil conciliación de la vida laboral y familiar.
- Los casos de violencia doméstica.
- El aumento del fenómeno de la inmigración.
- La extensión de las nuevas tecnologías de la información y la comunicación.
- El creciente proceso de globalización.
- Los estilos de vida más consumistas.

- El aumento del fracaso escolar.
- Las variaciones en las tasas de natalidad.
- La proliferación de sectas y diferentes grupos urbanos.
- Las dificultades en el acceso a la vivienda.
- La mayor permisividad en la sociedad.
- La difícil incorporación de los jóvenes al mundo laboral.
- El incremento de la violencia juvenil.
- La poderosa influencia de los medios de comunicación.

Éstos son sólo algunos de los *componentes* que han ido produciendo cambios importantes en lo que a las relaciones familiares y a la educación se refiere. Cabe plantearse si estamos hablando de causas o de consecuencias. En cualquier caso son elementos que están ahí, y que merecen un análisis y una reflexión. ¿Qué es lo que está fallando? ¿Tenemos problemas para adaptarnos a las demandas de los nuevos tiempos? ¿Hay realmente tantas carencias en nuestra forma de educar?

Los estilos educativos variaron, a juicio de muchos, como si de un péndulo se tratase. Se pasó de una educación rígida y autoritaria a una educación que con demasiada frecuencia ha resultado ser excesivamente *liberal* y permisiva. Del ordeno y mando «porque yo lo digo», se ha llegado incluso al maltrato psíquico y físico de los hijos a los padres. Algunas personas han pasado así de sentirse «esclavos» de sus padres a sentirse ahora «esclavos» de sus hijos, convertidos éstos en pequeños «amos», en domadores y tiranos dictadores, que parecen tener la sartén por el mango. Se ha llegado, por ejemplo, a situaciones en las que los padres se piensan bastante lo que van a decir a sus hijos, «no sea que les vayan a traumatizar».

¿Educar o instruir?

El propósito de la educación es reemplazar
una mente vacía por una abierta.
MALCOLM FORBES

Con frecuencia se utilizan los verbos «educar» e «instruir» como sinónimos. Hay una importante similitud entre sus significados; sin embargo, se trata de expresiones que presentan diferencias de matiz bastante importantes.

«Instruir»: palabra que deriva del latín *instruere*, que significa enseñar. Instruir es informar, comunicar determinadas ideas, conocimientos o doctrinas de una forma sistemática. La instrucción implica la transmisión de normas, reglas o preceptos que deben ser cumplidos y tenidos en cuenta. A través de ella se trata de incorporar o «introducir» en la otra persona determinada información que debe conocer.

Cuando se utiliza el término «educar», que también deriva del latín, *educare*, además de ese componente de método, sabiduría y disciplina, se va aún más allá. Educar implica dirigir, encaminar, orientar. Mediante la educación se transmiten también preceptos, y se indica lo que es adecuado y lo que no lo es. Se trasladan además ejemplos, y se ejercita a la persona para que pueda desarrollar su potencial y perfeccionar sus facultades, tanto de índole intelectual como moral. El concepto de educar, más que la idea de «introducir» o poner dentro, alude a «extraer» de la persona aquello que de algún modo está en ella, aquello que el individuo posee de una forma u otra, y que puede ser desarrollado y potenciado si se le ofrecen las condiciones adecuadas.

Cada persona es única

¿Son todos los hijos iguales? ¿Se les debe tratar a todos de igual forma?

Es frecuente escuchar, en palabras de algunos padres, frases del tipo «queremos a todos nuestros hijos por igual», «les damos el mismo trato a todos». Las relaciones afectivas y el mundo emocional no resultan ser algo tan matemático y fácil de ponderar.

Con estas expresiones intentamos habitualmente hacer valer nuestra intención de ser justos. En ocasiones puede denotar cierta actitud de justificación ante lo inexplicable del hecho de que las estrategias educativas se han intentado aplicar *por igual* para todos y en cada caso han dado un resultado muy diferente. El estilo y las pautas educativas que se han utilizado con todos los hijos pueden ser muy similares, pero no se les educa a todos por igual.

Cada hijo es *diferente*, tiene su propia personalidad, y muestra cualidades y limitaciones que le distinguen claramente de sus hermanos y de los demás niños. Unos hijos requieren más apoyo en el ámbito del estudio, otros se muestran más independientes, los hay que solicitan más apoyo emocional, algunos se muestran especialmente reservados, otros solicitan que se les anime y motive, hay quien requiere de una mayor supervisión de su conducta. Así, por ejemplo, tendría poco sentido aplicar el mismo refuerzo en el estudio a todos por igual, o en todas las materias, sin discriminar aquellas en las que encuentran mayor dificultad.

Ser ecuánime implica procurar un trato imparcial, lo más justo posible, adaptado a las circunstancias específicas de cada persona. Muchos padres se plantean la cuestión de si están siendo justos con sus hijos. Y la duda en ocasiones se acentúa con los propios comentarios de éstos: «Es que a Javier le dejas hasta más tarde...», «Pues a mí no me habéis apoyado tanto con los estudios...». Los hijos precisan de un trato adaptado a sus propias características, y a las peculiaridades del particular sistema familiar en el que viven. Antes que abogar por una igualdad, a veces utópica y probablemente ineficaz, parece más conveniente aplicar criterios de *equidad* que nos ayuden a relacionarnos con cada hijo con arreglo a sus características o necesidades específicas.

Ni recetas ni varitas mágicas

¿Podemos hablar de una estrategia educativa única e infalible? En la educación no existen las varitas mágicas, no hay *recetas* estándar aplicables a cualquier persona o en cualquier circunstancia. Cada familia, cada persona, cada momento evolutivo, son únicos.

El éxito en la aplicación de nuevas estrategias educativas está vinculado con frecuencia a un cambio en las actitudes y en las *conductas*. El simple conocimiento de las mismas es tan sólo un requisito previo. Es necesario introducir, además, cambios precisos en la propia forma de actuar, en nuestros hábitos educativos y de interacción. Actuando como hemos actuado anteriormente no podemos esperar obtener unos resultados diferentes a los que ya hemos obtenido. Aunque la mayoría de los comportamientos a menudo están fuertemente arraigados, es preciso introducir cambios en los mismos y hacer algo distinto, para obtener otros resultados. Una dificultad que podemos encontrar es el frecuente rechazo al cambio, la tendencia a que las cosas sean «como tienen que ser y como siempre han sido», unida a la tendencia a continuar repitiendo hábitos y conductas que ya se han mostrado ineficaces.

Antes de comenzar cualquier proceso de mejora, merece la pena reflexionar también sobre nuestra convicción de que los cambios que vamos a emprender van realmente a surtir efecto. Ésta es una cuestión clave. Introducir cambios sin una *actitud* adecuada, sin creer en su eficacia, o sin ser rigurosos y sistemáticos en su aplicación, con frecuencia nos lleva a no obtener los resultados deseados. Nuestra propia convicción en la capacidad de las personas para cambiar es, como veremos más adelante, una parte importante del éxito.

En el entorno familiar aquellos individuos, parejas y familias que muestran más *flexibilidad* obtienen una calidad mucho mayor en las interacciones diarias. Una actitud flexible abre las puertas a una convivencia más sana. Hay familias que se adaptan mejor a los cambios, mientras otras, aun habiendo cambiado las circunstancias, continúan repitiendo esquemas de conducta inadecuados e ineficaces en el nuevo contexto.

Del mismo modo, es fácil de entender que la aplicación rígida de las técnicas educativas, con independencia de las circunstancias particulares de cada caso, no suela dar los frutos deseados. Nuestra capacidad para *adaptar* las diferentes técnicas y para diseñar una estrategia personalizada nos acercará al éxito con mucha más probabilidad. Pero si nos limitamos a aplicar un método aprendido, sin entender el mecanismo que rige las conductas, sin analizar y decidir la oportunidad de su aplicación, y sin la adaptación necesaria a cada caso, difícilmente obtendremos el resultado esperado.

Obstáculos para el cambio

El camino que conduce a la mejora en las estrategias educativas puede encontrarse con algunos obstáculos que conviene anticipar.

El primero de ellos es la *incertidumbre.* A veces nos invade el miedo, la inseguridad, la sensación de que si en algo hemos fallado anteriormente no vamos a saber hacerlo bien ahora. O pensamos que si introducimos cambios tal vez éstos se nos vayan de las manos.

Ese miedo se puede igualmente trasladar también a los hijos: «Tengo miedo de que a mi hijo le pueda pasar algo, de que no sea capaz de conseguirlo». Dos buenos antídotos contra el miedo son el valor y la acción. Afrontar de cara la situación, tomar decisiones, asumir riesgos y actuar es lo que, en definitiva, termina por disolver el miedo, nos aporta seguridad y confianza, y nos ofrece enseñanzas y nuevos aprendizajes, aun cuando los resultados no sean los esperados.

Otro de los obstáculos con los que nos encontramos frecuentemente es la *queja.* Podemos perder gran parte de nuestra energía lamentándonos sobre la situación sin hacer nada por cambiarla: «No soporto la forma en que me habla mi hijo»; «¿No te da vergüenza cómo tienes tu cuarto, hecho una leonera?».

La queja suele perjudicar tanto a la persona que la manifiesta como a las personas de su entorno. Normalmente sume a los padres y a la familia en el descontento, en la negatividad, en el resentimiento.

Limitarse a protestar, desaprobar, criticar, reprochar, acusar o censurar, lejos de resolver los problemas acaba complicando las cosas. Podríamos aplicar el conocido lema de «no hay protesta sin propuesta». Aparte de manifestar la queja en el momento oportuno y de la forma más adecuada, conviene acompañarla de propuestas de solución, de alternativas de mejora.

En muchos casos, el obstáculo más importante para el cambio y la mejora tiene su origen en los sentimientos de *culpabilidad*, como veremos a continuación.

Padres culpabilizados

Los niños comienzan por amar a los padres.
Cuando ya han crecido, los juzgan y, algunas veces,
hasta los perdonan.
OSCAR WILDE

«Si nuestro hijo tiene problemas, será porque algo habremos hecho mal nosotros.» Algunos padres se repiten esta idea una y otra vez, atribulados y desconcertados, mientras sus dudas no paran de crecer.

La aparición de conductas problemáticas en el hijo suele llevar a sus padres a preguntarse en qué han fallado:

- ¿Deberíamos haber pasado más tiempo juntas?
- ¿No le hemos demostrado suficientemente nuestro afecto?
- ¿Teníamos que haber dialogado más?
- ¿No hemos sabido hacer valer nuestra autoridad?
- ¿Deberíamos haber sido más severos?
- ¿Puede ser consecuencia de los problemas en nuestra relación?

- ¿No hemos sabido comprenderle?
- ¿En qué nos hemos equivocado?

Algunos padres no necesitan ni tan siquiera del reproche del hijo para sentirse culpables. Se culpan directamente a sí mismos de cuantos infortunios ocurren.

Aunque a veces se pierdan los nervios y se llegue a hablar mal a los hijos, en la mente de éstos no sólo quedan hechos puntuales, sino también el sentir del día a día. Somos seres humanos, y no somos infalibles. Es natural perder la paciencia en ocasiones, pero esto no significa que uno se autocalifique como «mal padre» o «mala madre». El hecho de darnos cuenta, tomar conciencia de que podemos avanzar en el autocontrol, y el deseo y la intención de hacerlo mejor, son elementos muy importantes, y a veces casi suficientes para que se produzcan los cambios deseados.

Los sentimientos de culpa malsana difícilmente contribuirán a mejorar la situación, y ayudan poco a la hora de buscar soluciones. Habitualmente lo que hacen es empeorarla y terminan por enturbiar la relación. Sumergen al progenitor en la inseguridad y lo convierten en rehén de su propia culpabilidad. El hijo, aunque esté descontento también con la situación, puede incluso aprovecharse de ella.

En no pocas ocasiones se pierde demasiado tiempo y energía poniéndose a la defensiva, buscando justificaciones o echando la culpa al cónyuge, al hijo o a la «juventud de hoy».

A perdonar se enseña perdonando, comprendiendo las equivocaciones, disculpando los errores. Es difícil perdonar a los hijos cuando el nivel de exigencia e intransigencia es desproporcionado. E igualmente será difícil enseñarles a disculpar también a los demás si los padres no son capaces de perdonarse a sí mismos por sus errores.

No hay que perder de vista que el objetivo es abordar las dificultades que hayan podido surgir, con cierta distancia y con la mayor objetividad posible. Es necesario ahondar en la búsqueda de las causas, asignar y compartir la responsabilidad y buscar soluciones óptimas de cara al futuro.

Los padres no son infalibles. Son seres humanos que pueden equivocarse. Pero en el propósito de la mayoría está el abordar la tarea educativa con la mejor intención posible. Es necesario reducir esa acusada tendencia a la culpabilidad con la que muchos padres pierden todo un caudal de energía que podrían aprovechar para poner remedios, cambiar y emprender nuevas prácticas educativas.

Capítulo II
La familia como sistema

Lo único que los niños gastan incluso antes
que los zapatos son los padres.
ANÓNIMO

El sistema familiar

Tanto la conducta como los rasgos básicos de personalidad de cada ser humano suelen mostrar cierta continuidad y *estabilidad* en el tiempo. No obstante, cambiando aspectos como el entorno, las circunstancias y el contexto en el que vive la persona, se pueden producir cambios significativos en su forma de ser y en sus comportamientos.

Si intentamos interpretar y entender la conducta de una persona, tomándola como individuo aislado, y sin conocer las relaciones que establece con los demás, difícilmente llegaríamos a comprender el sentido de la misma. Necesitamos conocer el *contexto* en el que dicha conducta ha tenido lugar. ¿Se comportan los hijos igual cuando está el padre, o la madre, o en casa de los abuelos? ¿Actúan igual en casa, o en el aula, o cuando están con sus amigos? ¿Ha ocurrido algún hecho importante o un cambio significativo que haya podido determinar variaciones en su conducta? Es evidente que la conducta de cada individuo no es independiente de su entorno ni de las relaciones que establece dentro del mismo.

No somos entidades aisladas, sino que formamos parte de sistemas en los que desempeñamos un determinado papel. Podemos definir un *sistema* como un conjunto de elementos que se interrelacionan entre sí, que se distribuyen determinadas funciones y las desarrollan, que se rigen por un conjunto de normas o reglas, manteniendo un cierto orden. Los sistemas se construyen con una finalidad, y una vez que alcanzan un cierto grado de estabilidad o equilibrio, tienden a mantenerlo.

La familia es un sistema, y para entender el papel que jugamos cada uno dentro de ese entramado de relaciones conviene revisar algunas de sus *cuestiones:*

- ¿Cuántas personas conforman el sistema familiar en su conjunto? Padres, hijos, abuelos, tíos, primos...
- ¿De qué sexo son y qué edad tienen cada uno de ellos?
- ¿Quiénes conviven en el domicilio familiar?
- ¿Con qué personas guardan una relación más estrecha?
- ¿Qué actividades realiza cada uno? Si trabaja, está en paro o jubilado, estudia, cuida del hogar...
- ¿Qué relaciones establecen entre ellos? Afecto, complicidad, discusión, rechazo, amistad...
- ¿Qué rasgos de personalidad son más característicos de cada uno de los miembros?
- ¿Qué circunstancias particulares pueden haber tenido una significación especial? Nacimientos, fallecimientos, embarazos, abortos, separaciones, amistades, enfermedades, discapacidades, paro, salidas del núcleo familiar, cambios de domicilio, de colegio, de trabajo...

Algunas de las circunstancias anteriores pueden no haber tenido una repercusión significativa en el entorno familiar.

Otras han podido producir un efecto positivo o negativo para todos o algunos de sus miembros.

Una aproximación gráfica

La representación *gráfica* nos permite realizar una primera aproximación al sistema familiar. En el cuadro adjunto que figura como ejemplo podemos ver que el género está represen-

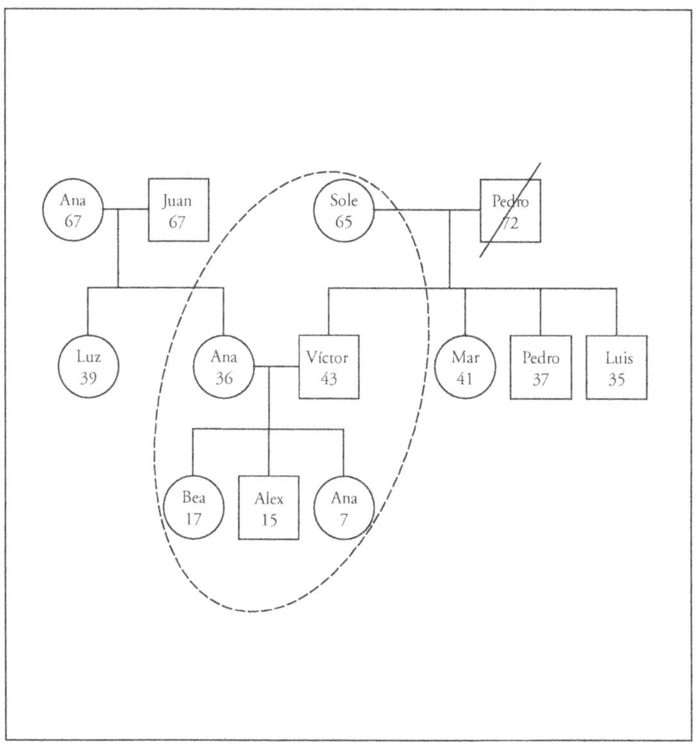

Representación del núcleo familiar (genograma)

tado por círculos para el sexo femenino y cuadrados para el masculino. Dentro de ellos aparecen escritos los nombres y las edades correspondientes.

A partir de esta representación gráfica del núcleo familiar podemos ya empezar a describir y a analizar varios aspectos. La línea de puntos delimita aquellas personas que conviven y constituyen el núcleo familiar. En este caso la abuela paterna, viuda, convive con la familia, con lo que nos encontramos con una familia de seis miembros.

Conocemos también el *número de hijos*, el lugar que ocupa cada uno según el orden de nacimiento, y la diferencia de edades que hay entre ellos. Se ponen de manifiesto algunas características diferenciales que se derivan del hecho de si en la familia hay un solo hijo, o una pareja, o muchos hermanos. En función de ello los hijos pueden mostrar diferencias significativas en socialización, grado de atención recibida, necesidades específicas. En consecuencia, lo adecuado sería que las estrategias educativas fueran también diferentes.

Vemos también el *lugar* que ocupan tanto el padre como la madre en relación a sus respectivos hermanos. La madre es la pequeña de dos hermanas, y el padre es el mayor de cuatro hermanos, seguido de una hermana y de otros dos hermanos más pequeños, también varones.

¿Tiene especial importancia prestar atención al *orden* de nacimiento de los hermanos? Podemos considerar que lo realmente importante son las características personales de cada uno de ellos. Sin embargo, el orden de nacimiento y las diferencias de edad son datos a tener en cuenta. Las características personales que a veces consideramos propias de cada individuo, casi heredadas, muchas veces son producto de las características de todas y cada una de las personas que viven bajo el mismo techo, de la convivencia y de la influencia mutua que se produce entre ellos.

El primogénito, el segundo y el pequeño

En una familia con tres hijos, a veces el simple hecho de ocupar un determinado lugar en ese orden de nacimientos va ligado a la asunción de un determinado *papel* en la familia. Esto, que lógicamente no siempre es así, puede provocar que en determinados casos se den características especiales en cada uno de ellos:

- *Primogénito:* muchas expectativas de los padres pueden volcarse de un modo especial sobre el primogénito. En ocasiones, si se trata de un varón, puede tender a reproducir la imagen paterna, mientras que si es una niña, suele tomar como modelo a la madre. El hecho de ser el mayor de los hermanos conlleva que a veces pueda ir asumiendo anticipadamente determinadas responsabilidades, reproduzca actitudes y valores paternos, y ejerza también de modelo para los más pequeños. Es posible que el primer hijo interiorice normas y pautas de conducta de los padres, muestre una especial responsabilidad, autoexigencia y cierto liderazgo, y desarrolle una elevada capacidad de resistencia a la frustración.

- *Segundo hijo:* a veces desempeña un papel que intenta equilibrar o complementar al que ejerce el primogénito. El segundo hermano se va ganando igualmente su posición en la familia, y a veces lo hace a partir del rol que juega el mayor. Puede mostrarse más autónomo, con más independencia de criterio. A veces disfruta de un mayor margen de autonomía, por lo que puede encontrarse el camino allanado por el hermano mayor o tener que abrir las puertas para ganar un mayor espacio de libertad. Probablemente desarrolle una especial iniciativa y creatividad, o un cierto grado de rebeldía, por oposición, o como complemento, al papel adoptado por el hermano mayor.

- *Hijo menor:* el pequeño de la casa puede recibir una atención especial incluso por parte de sus hermanos. En función de la conducta de aquéllos, puede manifestar cierta dependencia de sus hermanos mayores, solicitarles su ayuda. Aprende de ellos, convirtiéndolos también en modelos y en un referente a tener muy en cuenta. En determinados casos, su resistencia a la frustración podría ser menor que la de su hermano mayor. Aun cuando no sea necesariamente así, el pequeño de entre varios hermanos suele ser considerado como el consentido o el mimado de la casa, a veces tan sólo porque se presta atención a las demandas lógicas de su edad. Tiende, por ejemplo, a manifestar naturalidad o espontaneidad en su conducta, despierta cierta alegría y simpatía, e intenta mediar y conciliar en las discusiones. Cuando nace un tercer hijo, los padres ya han tenido tiempo de sumar, a la experiencia del primero, la experiencia añadida del segundo. Tienen conocimientos y criterios más claros, saben más o menos lo que hay que hacer, y suelen mostrar menos inseguridad y ansiedad respecto a lo que es en sí la tarea de educar.

Esta descripción, tal y como se comentaba anteriormente, no es en absoluto una regla general, sino un simple ejemplo de cómo a veces pueden distribuirse papeles y desarrollarse características personales a partir de la posición que cada miembro ocupa dentro de la familia. No podemos caer en la tentación de colgar a los hijos *carteles* como los de «responsable», «rebelde» o «consentido», respectivamente, a partir de la descripción anterior. Vemos tantos casos en los que esto no es así, que sería absurdo establecer una generalización tan simplista.

Lo que sí es cierto es que diferentes papeles y funciones se van desarrollando y desempeñando dentro del núcleo familiar, de modo que sus miembros tienden a mostrar características personales, actitudes, valores y conductas que permiten al sistema en su conjunto alcanzar un cierto grado de *equilibrio.* Fallece un abuelo, nace un nuevo hermano, se marcha del hogar uno de los hermanos, uno de los padres sale del núcleo familiar... Cuando alguna pieza de ese sistema cambia o desaparece, o se introduce una nueva, el resto de los elementos del conjunto deberá reajustarse con objeto de recuperar de nuevo la estabilidad. A veces, incluso, una mascota puede regular el intercambio afectivo en ese entorno familiar y cambiar la dinámica del mismo.

¿Cómo es realmente nuestro hijo?

Antes de decidirnos a intervenir para mejorar las estrategias educativas, o para intentar modificar determinadas conductas inadecuadas en los hijos, cabría preguntarse si sabemos realmente cómo son y qué «papel» se les ha asignado dentro del sistema familiar tal y como está organizado.

Parece lógico pensar que los padres son los más indicados para describir las *características* de sus hijos. La convivencia diaria ofrece a los padres tantos criterios e indicadores que el grado de conocimiento que tienen de sus hijos es normalmente muy elevado.

- Anita «Buenaza»
- María «Perezosa»
- David «Teleadicto»
- Alicia «Rebelde»
- Nieves «Obediente»
- Ángela «Desordenada»
- Juan «Llorón»
- Carlitos «Chillón»
- Rosa «Celosa»
- Alberto «Manitas»
- Ricardo «Pegón»
- Javi «Destrozón»
- Óscar «Revoltoso»
- Elenita «Glotona»
- Marta «Inapetente»
- Luis «Travieso»
- Alba «Mimosa»
- Bea «Terca»
- Pedrito«Desobediente»
- Raquel «Tímida»

Algunas descripciones parciales de nuestros hijos

En ocasiones, sin embargo, tal vez el exceso de cercanía, la subjetividad inherente a una relación tan estrecha, la propia proyección personal o la comparación sobre lo que consideramos adecuado puede hacernos perder la perspectiva. El día a día y la propia convivencia pueden llevarnos accidentalmente a *distorsionar* y sesgar la realidad. A veces se llega al estereotipo o a la caricatura al intentar hacer una descripción rápida del hijo.

Una descripción más completa nos puede dar una visión amplia y menos sesgada de las principales características de los hijos. Nuestra visión, que podría resultar en algún caso subjetiva y parcial, se puede ver complementada por las *opiniones* y criterios de otras personas:

- ¿Cómo le describe nuestra pareja?
- ¿Qué descripción haría su profesor?
- ¿Qué aspectos destacarían de él sus hermanos?
- ¿Qué dirían sus amigos?

A partir de la observación, de nuestro propio análisis y de toda la información adicional que hayamos obtenido, podemos tener un primer retrato de nuestro hijo bastante exhaustivo. Con esta *descripción* podemos elaborar una ficha que puede abordar diferentes áreas:

- Física: ____________________
- Psicológica: ____________________
- Intelectual: ____________________
- Social: ____________________
- Conductual: ____________________

El perfil que obtenemos nos revela así sus principales *características* físicas, los rasgos más destacados de su personalidad, sus capacidades intelectuales más relevantes, su sociabilidad, su comportamiento. Esta fase de análisis tiene por objeto registrar y describir, sin intentar evaluar cada una de las características que estamos anotando.

Una vez que hemos completado y revisado la descripción de nuestro hijo, tenemos una visión más completa, a partir de la cual podemos decidir qué características constituyen sus puntos fuertes, cuáles parecen susceptibles de mejora, qué aspectos plantean o pueden presentar en el futuro alguna dificultad.

Esta práctica puede verse ampliada si realizamos también una *reflexión* por escrito donde intentemos dar respuesta a cuestiones como las siguientes:

- ¿Cómo soy yo? ¿Cuál fue el estilo educativo de mis padres?
- ¿Cómo es mi pareja? ¿Cuál fue el estilo educativo de sus padres?
- ¿Cómo es mi hijo?
- ¿Cómo son sus hermanos? ¿Cómo es la relación que establece con ellos?
- ¿Qué nos resulta más difícil?

Un perfil descriptivo

Un impreso de valoración como el que se presenta propone una serie de características y nos anima a dar una puntuación numérica entre los polos opuestos de cada una de ellas, nos permite obtener un *perfil* descriptivo.

Una vez que hemos decidido la puntuación en la escala de uno a cinco, según se acerca más a uno u otro extremo de la característica descrita, podemos revisarlos uno por uno y marcar con una cruz aquellos aspectos que puedan resultar especialmente *problemáticos* y sobre los que consideramos que sería conveniente intervenir.

La ruptura de la pareja

En los últimos años se ha producido en España un notable incremento en el número de divorcios. Aproximadamente la mitad de los enlaces termina en ruptura. Cuando ésta se produce de forma civilizada, los hijos acusan menos la separación de sus padres, una circunstancia que en sí misma resulta dolorosa para ellos. Sin embargo, no tiene por qué ser un hecho traumá-

❑	Locuaz	1	2	3	4	5	Callado
❑	Afectuoso	1	2	3	4	5	Frío
❑	Apacible	1	2	3	4	5	Irritable
❑	Obediente	1	2	3	4	5	Desobediente
❑	Alegre	1	2	3	4	5	Triste
❑	Inteligente	1	2	3	4	5	Torpe
❑	Disciplinado	1	2	3	4	5	Rebelde
❑	Espontáneo	1	2	3	4	5	Reprimido
❑	Responsable	1	2	3	4	5	Irresponsable
❑	Maduro	1	2	3	4	5	Inmaduro
❑	Motivado	1	2	3	4	5	Desmotivado
❑	Sincero	1	2	3	4	5	Mentiroso
❑	Independiente	1	2	3	4	5	Dependiente
❑	Activo	1	2	3	4	5	Pasivo
❑	Sociable	1	2	3	4	5	Retraído
❑	Concentrado	1	2	3	4	5	Disperso
❑	Paciente	1	2	3	4	5	Impaciente
❑	Confiado	1	2	3	4	5	Receloso
❑	Seguro	1	2	3	4	5	Inseguro
❑	Autocontrolado	1	2	3	4	5	Impulsivo
❑	Tranquilo	1	2	3	4	5	Nervioso
❑	Valiente	1	2	3	4	5	Temeroso
❑	Estable	1	2	3	4	5	Inestable
❑	Defensivo	1	2	3	4	5	Agresivo
❑	Sumiso	1	2	3	4	5	Dominante
❑	...	1	2	3	4	5	...

Observaciones: ____

____

____

tico. Aunque puede suponer un factor de riesgo, los problemas conductuales o emocionales de los menores no pueden ser directamente achacables a la separación, y menos como causa única.

Podemos pensar, por ejemplo, en aquellas parejas que mantienen una relación verdaderamente tormentosa sin llegar a separarse. Se trata de relaciones que poco aportan al desarrollo y a la estabilidad emocional del menor, que vive con impotencia, rabia y miedo una continuada situación de conflictividad manifiesta entre sus padres. Hay casos en los que el divorcio es la mejor solución para una situación que estaba perjudicando probablemente a toda la familia.

Durante el proceso de separación los padres tienen que dialogar de forma positiva y constructiva con el hijo, para que éste sepa y comprenda lo que está ocurriendo, y pueda resolver también sus dudas. Es un error intentar utilizar ese diálogo para el desahogo emocional y los reproches. O para buscar la solidaridad del hijo. La idea aquí no es emplear la comunicación para hablar de lo que nos preocupa a nosotros sino para centrarnos en los contenidos que le pueden preocupar a él. Tendremos que utilizar lógicamente un lenguaje que pueda comprender.

Efectos de la separación

La sensación que tienen muchos jóvenes, viendo su propia realidad y la de algunos de sus amigos, es que eso del amor para toda la vida es poco menos que imposible. Algunos crecen convencidos de que a ellos también les pasará igual. Piensan que acabarán separándose. Llegan a la conclusión de que, ante los problemas de pareja, resulta más fácil optar por romper y acabar con la relación que intentar resolver las diferencias y conflictos, introducir cambios o buscar soluciones y mejoras. Lo cierto es que, en el caso de hijos de padres divorciados, la probabilidad de que éstos se divorcien en el futuro se incrementa.

La edad de los hijos, su madurez y su personalidad son variables que determinan en gran medida su reacción, respuesta y adaptación ante la separación de los padres. Pero el criterio más o menos adecuado con el que éstos hayan sabido actuar durante la fase previa de conflicto o desavenencias, en la fase de ruptura y con posterioridad a ésta, tendrá una influencia muy significativa en cómo puede vivenciar el hijo la separación.

Lo tormentosa o serena que haya resultado tanto la relación previa como el proceso de separación puede en cada caso dificultarle o ayudarle a aceptarlo y superarlo, y a alcanzar de nuevo el equilibrio y la estabilidad. Si un hijo ve felices a sus padres, podrá encontrar más fácilmente su propia felicidad.

Si la separación no se hace con la sensatez necesaria, los hijos pueden ser los grandes perjudicados. Además de comprobar cómo su núcleo familiar de referencia se viene abajo, acaban siendo en muchos casos las víctimas indirectas de esa situación.

Con frecuencia el hijo queda hipotecado y sometido a las decisiones que tomen sus padres y a los dictámenes del juez. No se puede poner al hijo en la disyuntiva, forzándole a elegir: «O tu padre/madre o yo».

En el divorcio hay muchas personas implicadas además de los padres y los hijos. Son importantes las diferentes reacciones y las actitudes más o menos constructivas que pueden adoptar los amigos de unos y otros, las nuevas parejas de ambos progenitores, los abuelos paternos y maternos, el resto de la familia extensa.

Todos ellos pueden acusar los efectos de una serie de cambios. En ocasiones es necesario mudarse a un nuevo domicilio, a otra zona de la misma ciudad o incluso a otra ciudad. El posible cambio de colegio conlleva la pérdida del contacto diario con los antiguos compañeros, y la necesidad de integrarse en un nuevo grupo y encontrar nuevas amistades.

Algunos padres, tras la separación, inician nuevas relaciones con una nueva pareja. En algún caso los hijos pasan a vivir con los abuelos. Pueden encontrar en éstos un referente del que extraer también la idea de que la relación estable para toda la vida es posible.

Cuando los abuelos pasan a desempeñar un papel tan significativo en la educación de sus nietos, puede producirse también un cierto choque o conflicto con las estrategias educativas que éstos habían recibido de sus padres. Sumada a la natural distancia generacional, una actitud de excesiva permisividad o de autoritarismo por parte de los abuelos puede entrar en conflicto con los criterios con los que habían sido educados anteriormente. Los estilos pueden llegan a ser incluso antagónicos.

En ocasiones se hace necesaria la convivencia del hijo con la nueva pareja de uno de los progenitores, y con los hijos de ésta, fruto de otra relación anterior. El establecimiento de esas nuevas relaciones precisa de un proceso de adaptación mutua, una adecuada disposición y grandes dosis de flexibilidad por parte de todos.

Padres e hijos ante el divorcio

¿Cómo viven los padres su divorcio? Algunos padres necesitan entender que no se es peor padre por el hecho de separarse. Sus conductas se ven comprometidas por sentimientos de rabia hacia el cónyuge y de culpabilidad respecto al hijo. Su comportamiento con éste puede volverse más posesivo, permisivo o sobreprotector. Pueden intentar ganarse su afecto, comprensión y complicidad. O caer en el error de compensarle colmándole de regalos y caprichos y haciendo continuas concesiones que, en ocasiones, resultan desproporcionadas. Llegan incluso a consentir conductas inapropiadas. Se pierde así una valiosa oportunidad de educar, muchas veces para no estropear con discusiones el escaso tiempo que se comparte con el hijo.

¿Con quién quieren estar los hijos? ¿Quién les trata y comprende mejor? ¿Quién les consiente más? Como se suele decir en el lenguaje coloquial, las comparaciones son odiosas: «Con papá puedo llegar más tarde a casa»; «Pues mamá me compra los juegos que le pido».

Los padres pueden verse tentados a «utilizar» a sus hijos. En ocasiones como detectives, para espiar a su «ex» con objeto de obtener alguna información. Esta circunstancia deja al niño atrapado en una situación paradójica. Tanto si proporciona información como si no lo hace, sentirá que está siendo desleal con uno o con el otro. A veces actúan tan sólo como emisarios. El padre o la madre les solicitan que transmitan alguna información dirigida al otro progenitor.

¿Qué pasa por la mente del hijo? ¿Cómo entiende la separación de sus padres? Lo más inmediato suele ser que se pregunte si él habrá podido tener algo que ver en esa ruptura. En caso de que lo perciba de ese modo, aflorará probablemente el sentimiento de culpa. Algunos hijos, en su deseo de ver juntos de nuevo a sus padres, se plantean que aún pueden hacer algo por volver a unirlos.

En algunos casos pueden vivir el conflicto de forma dramática, ocultando su sufrimiento, callando y midiendo cada palabra que dicen, intentando evitar a toda costa empeorar la situación. Procuran asumir, anular o rechazar sus propios sentimientos, que a veces son contradictorios. Se ven sumidos en un verdadero caos emocional.

En otros casos se les asigna el papel de terapeutas, volcando en ellos su malestar, sin ser conscientes de la enorme carga emocional y la repercusión negativa que pueda tener sobre él. El menor se convierte en un receptáculo donde los padres depositan sus tristezas, odios, frustraciones. Este comportamiento responde más a la necesidad individual de calmar la propia ansiedad y de buscar el desahogo que a la búsqueda del bienestar, el equilibrio y la felicidad del hijo.

Comprometidos con su educación

Los padres pueden renunciar a su relación, pero no deben divorciarse de su responsabilidad de educar a sus hijos y de continuar posibilitando su desarrollo personal, emocional, cognitivo y social. Conviene que sigan de cerca su educación. Algunos padres comentan: «Sólo hablamos entre nosotros lo estrictamente necesario». Pues precisamente la educación de su hijo es «lo necesario», y no suele ser un asunto que se resuelva en dos palabras.

La forma adecuada de comportarse con el hijo requiere empatía. Actuar poniéndonos en el lugar de nuestro hijo nos permitirá ahorrarle muchos sufrimientos innecesarios. Los hijos pueden quedar al margen de las posibles discusiones que se produzcan entre los padres. No es conveniente ni que las presencien como espectadores ni que participen en ellas.

No es bueno que el tiempo que el niño pasa con cada uno de sus padres esté cargado de mensajes dirigidos a menoscabar la imagen del otro progenitor. Ni para chantajearle o culpabilizarle: «He renunciado a todo por ti».

Las relaciones se pueden ensombrecer cuando se producen insultos por parte de uno de los padres, que desacredita o desautoriza al ex cónyuge, con intención de poner al hijo de su parte y en contra de su ex. Se busca por un lado la autojustificación, y por otro ganar puntos ante el hijo. Esos intentos constituyen un arma de doble filo, que en ocasiones terminan por producir un efecto *boomerang* y se vuelven finalmente contra el progenitor que intenta utilizarlos.

Por el bien del menor, es necesario mantener la comunicación y posibilitar un diálogo que les permita unificar criterios y propiciar el entendimiento. Hay que procurar coherencia y acuerdo entre los padres en lo referente a la educación de sus hijos. Y éstos han de aceptar y respetar las pautas que marquen sus progenitores cuando están con cada uno de ellos. Las normas pueden no coincidir; aun así, deben cumplirlas.

Nuestra autoridad moral y nuestra imagen como padres se verán fortalecidas a ojos de nuestros hijos:

- Si evitamos nuestras discusiones y peleas con nuestro «ex» delante de ellos.
- Si no intentamos utilizarlos como «arma arrojadiza» contra el otro progenitor.
- Si evitamos criticar o desacreditar a éste delante del hijo.
- Si fomentamos que siga viéndole y manteniendo el contacto con él.

Tras la separación de los padres, es difícil que se mantenga una relación simétrica con ambos progenitores. Lo más frecuente es que se acusen algunas desigualdades importantes. Muchos progenitores varones manifiestan su queja ante el perjuicio que experimentan por la falta de igualdad entre sexos en lo que se refiere a la custodia del hijo. Se sienten lesionados por decisiones que en algunos casos favorecen a la madre.

El mayor peso de la educación queda a menudo en manos de la madre, que suele mantener una relación más estrecha y cercana con el hijo, realizando el papel más duro, de imponer normas. Tiene que bregar con las dificultades cotidianas, supervisar cuestiones como el orden, el aseo, la alimentación y el estudio.

La relación con el padre puede quedar relegada a los fines de semana, o cada quince días, y algún día entre semana. Eso supone compartir un tiempo que en principio está asignado al ocio, lo que implica salidas, cine, comidas fuera de casa. Esto choca, en ocasiones, con el deseo del hijo de compartir ese tiempo libre con sus amigos.

Capítulo III
Los principios del aprendizaje

Antes de casarme tenía seis teorías sobre cómo educar a los hijos. Ahora tengo seis hijos y ninguna teoría.

JOHN WILMOT

Diversos enfoques teóricos del aprendizaje

Ya desde la antigua Grecia, el filósofo Platón proponía una educación que permitiese potenciar las habilidades con las que cada niño nacía ya dotado. Propiciar un ambiente de apoyo y que no resulte restrictivo puede contribuir a que el niño desarrolle plenamente sus capacidades y talentos.

En el siglo XVIII, Jean-Jacques Rousseau, uno de los principales representantes de la Ilustración, afirmaba que el ser humano es bueno por naturaleza y es la sociedad la que lo corrompe. El estado natural, primitivo y original, del niño cuando nace es moralmente superior al que presenta una vez que se ha «civilizado». Sus postulados defendían la importancia de la libertad individual, del libre albedrío y de la expresión sobre la represión. El aprendizaje debía ser fruto más de la experiencia que del análisis. El objetivo es hacer del niño un libre pensador. Sus teorías abrieron el camino a nuevos métodos que dieron a la educación infantil una orientación más psicológica y permisiva.

Las diferentes teorías del aprendizaje han ido ofreciendo un panorama bastante completo del tema. Desde su enfoque particular, cada una de ellas ha contribuido a la construcción de un marco teórico del aprendizaje que se nutre de esas diversas ópticas complementarias. Merece la pena hacer una rápida revisión inicial de las aportaciones más importantes que se han realizado en este sentido y citar a algunos de sus representantes más destacados.

- *Condicionamiento clásico.* Iván P. Pavlov: su principal aportación partió del estudio del comportamiento reflejo en animales, y se centró en el aprendizaje a partir de la asociación de estímulos.
- *Psicoanálisis.* Sigmund Freud: puso de relieve la importancia de las primeras etapas del desarrollo, así como el papel determinante de las pulsiones o instintos y de los procesos inconscientes como determinantes de la conducta humana.
- *Conductismo.* John B. Watson: destaca la importancia del estudio de la conducta observable, resultado de conexiones innatas o adquiridas que han ido configurándose por condicionamiento y asociaciones entre estímulos y respuestas.
- *Condicionamiento operante o instrumental.* Burrhus F. Skinner: dentro del conductismo desarrolló especialmente el análisis del aprendizaje a partir de las consecuencias positivas o negativas de la conducta.
- *Aprendizaje social.* Albert Bandura: analiza las condiciones en que se produce el aprendizaje a partir de la imitación de modelos. Puso de relieve también la influencia del pensamiento en la conducta.
- *Constructivismo.* Jean Piaget, David P. Ausubel: el ser humano construye el conocimiento a partir de su interacción con su medio físico, social y cultural.

El estudio de la psicología infantil aborda el desarrollo físico, social, emocional, cognitivo y conductual de los niños desde que nacen hasta que llegan a la adolescencia. El siglo XX marcó el inicio de la investigación científica en este sentido, con la incorporación de estudios longitudinales que realizan un seguimiento de la evolución de los niños en el tiempo. La carga genética y la herencia recibieron un mayor peso en estas primeras investigaciones, que se centraron especialmente en el desarrollo de la inteligencia. Los métodos científicos comenzaron a perfeccionarse, y empezaron a realizarse, por ejemplo, filmaciones en vídeo que después eran analizadas.

Progresivamente, y especialmente a partir de los trabajos de Sigmund Freud, se fue teniendo más en cuenta la influencia decisiva del ambiente. Se puso de relieve que, durante la infancia, el papel de los padres cobraba una especial relevancia. En las investigaciones se empezaron a controlar las variables del entorno, intentando analizar la influencia del comportamiento de los padres y los efectos que podía tener especialmente sobre la personalidad del niño.

La corriente conductista, que tuvo al psicólogo estadounidense John B. Watson como uno de sus principales representantes y fundadores, puso el acento casi exclusivamente en las variables ambientales. Esto convertía al recién nacido en una especie de archivo en blanco en el que el ambiente iba escribiendo, programando y determinando su conducta. Los estudios experimentales recibieron un nuevo impulso, centrándose especialmente en el análisis de cómo el aprendizaje quedaba condicionado por la asociación progresiva entre estímulos y respuestas. Estas últimas son reforzadas positivamente, a través de premios, o negativamente, a través de castigos, lo que va modelando la conducta.

Los estudios realizados por el psicólogo suizo Jean Piaget marcaron un nuevo rumbo en la segunda mitad del siglo XX, integrando variables tanto ambientales como biológicas. Aplicó la observación y los métodos experimentales en sus investigaciones, que se centraron principalmente en el desarrollo cognitivo del niño, en la forma en que construye el conocimiento a partir de la interacción con las personas y con el mundo, y en el análisis de las transiciones entre las diversas etapas del crecimiento.

Las diferentes teorías nos permiten explicar, comprender, predecir y modificar el comportamiento humano. Hacen posible alcanzar objetivos muy diversos, relacionados con el aprendizaje y con la educación. Por ejemplo, permiten comprender por qué se producen determinadas conductas, anticipar la probabilidad de que se produzca un determinado tipo de respuesta, explicar los mecanismos por los que determinados estímulos acaban resultando atractivos o aversivos, diseñar sistemas de aprendizaje adaptados y eficaces.

¿Innato o adquirido?

Una cuestión que con frecuencia suscita polémica surge del diferente peso que cada persona asigna al componente hereditario y el que da a la influencia del ambiente en que vive el individuo. Muchos padres se ven tentados a pensar que su hijo es «así» porque su padre, su madre o alguno de sus abuelos también son o fueron así. Atribuyen a su conducta un *determinismo* genético, con lo que cualquier intento de intervención sobre la misma parecería abocado al fracaso.

Es cierto que el componente hereditario tiene un peso importante, pero la influencia del *ambiente* resulta esencial.

Afirmaba Watson, el famoso psicólogo norteamericano, que a partir de un grupo de recién nacidos sanos y proporcionándoles el entorno adecuado para educarlos, podría lograr que llegasen a ser prácticamente aquello que se propusiera, desde especialistas en diferentes campos hasta ladrones. Según esta afirmación, radicalmente ambientalista, podríamos poner las bases para que en el futuro cada uno de esos niños pudiese convertirse en un ilustre científico, un prestigioso político, un famoso delincuente o un magnate de los negocios, por ejemplo.

Esta afirmación, que resulta tan categórica, propia de una concepción ambientalista de la psicología, nos lleva a reflexionar sobre la importancia de evitar sobredimensionar el carácter determinista de «lo innato» en la persona. La experiencia, la constante interacción con el mundo, el *ambiente* en el que nacemos y crecemos, las circunstancias precisas que nos rodean, van moldeando a cada persona, le permiten sacar mayor o menor rendimiento de su potencial y encauzarlo en una determinada dirección.

La *genética* tiene un peso también indiscutible. Un arbusto o un matorral difícilmente podrían convertirse en un majestuoso árbol de la talla de un ciprés, por ejemplo. Pero sí puede crecer sano y robusto si se le dan las condiciones necesarias para ello: composición de la tierra, abono, riego, iluminación, temperatura. Vemos, por ejemplo, en el caso de los bonsáis, que algunos árboles que podrían alcanzar un tamaño muy considerable son plantados y mantenidos en determinadas condiciones, con lo que ven reducido su crecimiento potencial, y adoptan formas determinadas según van siendo guiados.

Es cierto que tenemos una determinada carga genética que puede limitar en cierta medida lo que podemos llegar a ser. Pero lo importante es ver de qué modo, regulando y enriqueciendo las *condiciones del entorno* en el que nos desarrollamos, podemos ir alcanzando un pleno desarrollo de nuestras capacidades. De ahí la importancia de proporcionar al niño determinadas condiciones en su ambiente —alimentación, estabilidad, afecto, estimulación, motivación, ejercicio...— que contribuyan a su crecimiento y le permitan desplegar todo su potencial.

Así pues, intentar argumentar exclusivamente poniendo el acento en lo heredado constituye un lastre importante para cualquier intento de intervención y cambio. Y, del mismo modo, pensar que los hijos están a expensas de la influencia de la sociedad en la que viven nos podría llevar a claudicar de nuestra función educativa como padres.

Formas de aprender

Uno no enseña lo que dice. Ni siquiera enseña lo que hace. Solamente enseña lo que es.
ANÓNIMO

Podemos definir el *aprendizaje* como un cambio más o menos permanente que se produce en el individuo, se manifiesta en su conducta y se origina como consecuencia de su interacción con el entorno, y por el efecto de la práctica.

Aprendemos utilizando diferentes estrategias. Uno de los mecanismos más básicos es la *imitación.* Intentamos reproducir conductas similares a las que observamos en aquellas personas que nos sirven de referentes.

¿Somos buenos modelos para nuestros hijos? Los hijos contemplan a sus padres. A veces no les quitan ojo. Se fijan en ellos y observan detalles que nos costaría imaginar. Miran cómo hacen las cosas. Les ven cocinar, conducir, leer, hacer deporte, arreglar chapuzas, ordenar y limpiar. Advierten cuándo sonríen y se divierten, y cuándo se enfadan o están tristes. Analizan su carácter: si se muestran simpáticos o serios, tranquilos o nerviosos, altruistas o egoístas, comprensivos o severos, dialogantes o autoritarios, cariñosos o fríos.

Observan cómo les ayudan, el apoyo que les prestan, el tiempo que les dedican, el cariño que les proporcionan. Tanto su forma de ser como su comportamiento y actitudes influyen en los hijos. Son un referente, un punto de comparación, un modelo para su aprendizaje.

Aunque los padres son los principales *modelos* para sus hijos, los niños copian muchas conductas también de sus hermanos, de sus compañeros de clase, de los personajes que ven en televisión. Observan e imitan acciones, gestos, palabras y expresiones, tonos de voz y modos de hablar.

Mediante la observación es posible aprender conductas sin necesidad de que medie la participación activa del sujeto. Nuestros hijos aprenden, imitan y repiten conductas a partir de la observación de modelos. Al imitar la forma de comportarse de éstos, los niños esperan obtener también resultados similares a los que obtienen dichos modelos.

La *asociación* es un proceso básico que posibilita el aprendizaje. Si varios estímulos aparecen emparejados en una o varias ocasiones, la presencia de uno de ellos acaba por asociarse al resto de estímulos. Y este vínculo cobra más intensidad cuanto más fuerte es la asociación que se establece entre los mismos y cuanto mayor es la frecuencia con la que aparecen emparejados.

Nuestro entorno está lleno de *estímulos* que se van asociando también a determinadas sensaciones y conductas: podemos asociar la mesa del comedor a la comida, la cama a dormir, la mesa de estudio a estudiar, el sofá o la televisión a momentos de relajación. Cada ambiente va cobrando una especial significación y nos predispone a unas determinadas acciones.

Variar las condiciones ambientales del entorno puede ir asociado en muchos casos a posibles cambios en la conducta. Así, por ejemplo, modificar el mobiliario, la iluminación, la decoración o la distribución del cuarto del hijo puede contribuir a facilitar la introducción de cambios en los hábitos de estudio.

Conducta, consecuencias y aprendizajes

Para educar a un niño por el camino correcto,
transite usted mismo por ese camino
durante un rato.
JOSH BILLINGS

Si analizamos con detenimiento una secuencia completa de comportamientos y las consecuencias que se derivan de ellos, observamos que las conductas no se producen de forma aislada. Una determinada conducta de un niño suele ir seguida de otras conductas por parte de los padres, lo que implica unas consecuencias concretas, que derivan a su vez en unos aprendizajes específicos.

Las consecuencias de las conductas pueden ser diferentes en el corto, medio o largo plazo, y los aprendizajes derivados de ellas deben ser tenidos en cuenta.

La conducta del hijo es una respuesta, pero también actúa como un estímulo para sus padres, con lo que en cierto modo determina la conducta de éstos. Y, en este mismo sentido, la reacción de los padres supone un estímulo que afecta a la conducta del niño.

La naturaleza parece haber diseñado el llanto del bebé para que se le haga caso y se atiendan sus demandas. Algunos padres se ven especialmente afectados por ese llanto reiterado de sus hijos, que en ocasiones puede llegar a

CONDUCTA NIÑO	CONDUCTA PADRES	CONSECUENCIAS	APRENDIZAJES
Berrinche, rabieta, gritos, llanto, pataleta	*Atención*	• *A corto plazo*: Posible disminución o desaparición de la rabieta. • *A medio plazo*: Aumento progresivo de la frecuencia de éstas. • *A largo plazo*: Alta probabilidad de aparición de la rabieta.	*Niño*: La rabieta es una estrategia que permite captar la atención y conseguir lo que se desea.
			Padres: Atender a la rabieta permite disminuir o eliminar un estímulo negativo y propociona un alivio inmediato
	No atención	• *A corto plazo*: Posible aumento del berrinche. • *A medio plazo*: Progresiva disminución de la rabieta. • *A largo plazo*: Probable desaparición de futuras rabietas.	*Niño*: La rabieta no es una estrategia adecuada para captar atención y conseguir lo que se desea.
			Padres: Eliminar la atención, a pesar del efecto negativo a corto plazo, conlleva un valioso aprendizaje a largo plazo.

resultar desquiciante. Los bebés no saben hablar, no pueden decirnos qué les pasa. ¿Hambre, sueño, dolor? Lo que sí sabemos es que algo no va bien cuando aparece esa señal de alarma.

Sin embargo, con el tiempo, ese llanto, al igual que ocurre con la sonrisa, se convierte en una herramienta más, cuyas consecuencias le permiten al niño aprender el efecto que produce. Vemos que cada conducta tiene una consecuencia.

En los primeros meses, y cuando el llanto está justificado, es normal coger en brazos al niño para calmarle, resolver su necesidad y darle el afecto necesario. Lo que puede derivar en aprendizajes no deseados y tener consecuencias negativas es cogerlo en brazos para calmar nuestra incomodidad y lograr que se calle. El niño lo aprende rápido: «Llorando consigo lo que quiero».

Si esperamos cinco minutos para cogerlo en brazos, en otra ocasión diez, en otra lo cogemos al momento, y en otra tardamos veinte minutos, el niño aprenderá también algo importante. Descubre que, llorando, tarde o temprano obtiene lo que desea. Aprende a «manejar».

Por otro lado, no tendría sentido ni sería coherente hacer todo lo contrario: no cogerlo nunca. Esto podría llegar a ocasionarle un sentimiento de angustia y de abandono que resultaría muy perjudicial para él.

Cuando un niño no consigue lo que desea, resulta lógico y aceptable que muestre cierto disgusto. Pero cuando este enfado se convierte en una rabieta de cierta intensidad, es evidente que está intentando manejar y chantajear a los padres para conseguir salirse con la suya.

Es necesario encontrar el equilibrio y, sobre todo, actuar con sentido.

Autoeficacia e indefensión

Trátalos como deberían ser, y conseguirás
que sean lo máximo que puedan ser.
JOHANN WOLFGANG VON GOETHE

El psicólogo canadiense Albert Bandura define el término *autoeficacia* como la creencia, percepción u opinión que tiene el sujeto, o la apreciación subjetiva que éste realiza, acerca de su aptitud, capacidad o competencia para realizar de forma eficaz una actividad concreta, superar las barreras y obstáculos, y alcanzar con éxito un determinado objetivo.

En este sentido, nuestra comunicación, comportamiento y creencias influyen en las opiniones que va configurando nuestro hijo acerca de sí mismo y de su competencia. La autoeficacia está estrechamente vinculada al autoconcepto y a la autoestima.

El sentimiento o estado de *indefensión* es fruto de la percepción, por parte del sujeto, de que los acontecimientos no están bajo su control. Su creencia parte de la firme convicción de que «haga lo que haga da igual, no voy a afectar al resultado, no voy a lograr el éxito, no podré evitar las consecuencias negativas».

Los niños se pueden ver sumidos en este estado de indefensión. Esto ocurre cuando piensan que no pueden hacer nada por cambiar la realidad. Si reciben una regañina o una crítica, tanto si se portan mal como si se portan bien, terminarán probablemente por dejar de intentar cambiar o mejorar su conducta. Probablemente se sentirán desmotivados, indefensos, con un concepto de sí mismos negativo y una baja autoestima.

En la vida no todas las contingencias entre conductas y resultados son tan evidentes. Entendemos por contingencia la estimación que realiza la persona sobre la probabilidad de que algo ocurra o de que no ocurra, a partir de la asociación previa que ha realizado entre hechos, eventos, circunstancias y acciones.

Por ejemplo, un chico que estudia y se esfuerza repetidas veces pero no obtiene los resultados académicos esperados, e incluso ve que suspende, puede terminar por creer que la nota no es algo que dependa de su esfuerzo. No percibe que exista correlación alguna. Puede llegar a pensar que se trata de algo aleatorio. Su conducta y sus resultados parecen no tener relación alguna. «Tanto si me esfuerzo como si no, obtengo un resultado negativo».

No se trataría de que el niño no obtenga en ningún caso consecuencias negativas. Éstas también son experiencias de aprendizaje que pueden evitar futuras situaciones de indefensión. Un niño que no ha experimentado nunca la frustración, la dificultad o el fracaso puede encontrarse derrotado ante su primer suspenso. Lo verdaderamente importante es que perciba que con su esfuerzo puede cambiar esos resultados adversos.

Por otra parte, cuando al niño se le priva de elementos que le permitan *predecir o anticipar* los acontecimientos que se van a producir, también se le expone a situaciones en las que se siente indefenso. Y, como consecuencia, puede perder la confianza en los demás y en sí mismo.

Desde la niñez se experimentan muchas situaciones que pueden ser vividas como traumáticas: las vacunas, el dentista, el colegio, la marcha de los padres. No es lo mismo que el niño pase por estas situaciones cuando ha sido advertido y avisado de las mismas y cuando se le han descrito previamente, que cuando se presentan «de repente».

Se experimentará de manera diferente la marcha de los padres cuando se le explica con anterioridad —«después del cole vendremos a recogerte»— que cuando desaparecen sin más, con la consiguiente sensación de abandono. Es muy diferente ir al dentista sin saber a dónde se va que habiendo sido advertido: «Verás a un señor con una bata que te va a pedir que abras la boca para ver tus dientes; seguramente los inspeccionará con unas varitas metálicas; va a tener mucho cuidado para no hacerte daño; al principio tal vez tenga que darte un pequeño pinchacito que evitará que después sientas dolor…».

Entre las consecuencias naturales que la indefensión puede producir en el niño cabe destacar las siguientes:

- Pasividad, apatía, desesperanza.
- Desmotivación.
- Sumisión y resignación.
- Disposición cognitiva negativa.
- Miedo, ansiedad, estrés.
- Inestabilidad emocional.
- Problemas físicos.
- Tristeza y depresión.

Es probable que el hijo somatice esta situación de estrés psicológico, con la consiguiente aparición de síntomas físicos sin que medien o concurran causas físicas aparentes. La indefensión es la antesala de muchas depresiones infantiles y juveniles.

En la mayoría de los casos el origen de la indefensión suele encontrarse en las experiencias que se han vivido durante la infancia, la niñez y la adolescencia. El antídoto para la indefensión, una vez que se ha producido, pasa por establecer condiciones que permitan al niño un reaprendizaje a partir del establecimiento de contingencias que refuercen su sentimiento de control sobre la realidad, que desmonten su expectativa distorsionada, dándole la oportunidad de percibir que los resultados dependen de su conducta, reforzando en él esta creencia.

Los niños pueden variar voluntariamente sus conductas si perciben que, tanto las recompensas como las consecuencias negativas que obtienen, son fruto de las mismas y no del azar. De ahí la importancia de la coherencia en la educación y, de forma muy significativa, de la contingencia a la hora de administrar los refuerzos.

La percepción de conexión y contingencia entre conducta y resultados refuerza el sentimiento de control en el niño, y disminuye el de indefensión. El incremento de su sensación de dominio sobre la realidad, de autoeficacia y valía personal, y su mayor autoestima, serán una consecuencia natural de la comprobación de que sus acciones y conductas determinan los resultados que obtiene.

Extinguir y generalizar la conducta

Al igual que una conducta puede ser aprendida y es posible facilitar su aprendizaje, también puede debilitarse hasta *extinguirse* y desaparecer. Una conducta que deja de ir asociada a aquellos elementos o estímulos que actuaban como reforzadores va perdiendo fuerza, se debilita progresivamente. Con frecuencia se produce una cierta resistencia a la extinción, especialmente cuando la conducta ha estado sólidamente asociada al refuerzo. En este caso, aun cuando ha desaparecido el refuerzo, tiende a persistir la emisión de la conducta.

Cuando, por ejemplo, una conducta inadecuada de un niño ha recibido repetidamente atención por parte de los padres o ha sido premiada de algún modo, y se retira esa atención, de modo que cuando aparece dicha conducta no obtiene ningún resultado positivo, o incluso el resultado que obtiene no es agradable, progresivamente la conducta tenderá a desaparecer.

¿Cómo podríamos explicar la conducta inadecuada y revoltosa de algunos niños en el aula? Un alumno que se está portando mal y logra captar la atención del profesor, que le llama por su nombre, y consigue que tanto éste como sus compañeros le miren, convirtiéndose en el protagonista, está obteniendo un resultado que, aunque para algunos puede tener apariencia de negativo, para él supone un refuerzo. La retirada de atención y el aislamiento pueden llegar a ser los peores castigos a los que se enfrente una persona. Si se retira la atención de una conducta, a falta de otros elementos que pudiesen estar actuando como reforzadores, la conducta tenderá a extinguirse progresivamente y a desaparecer.

Generalización y discriminación son dos mecanismos importantes y necesarios de aprendizaje, ya que nos permiten adaptarnos más eficazmente al medio.

A través del proceso de *generalización* el individuo tiende a dar respuestas similares ante estímulos que puedan resultar parecidos, equivalentes, afines o relacionados. Cuando se ha producido un aprendizaje en determinadas condiciones y ante determinados estímulos, la presencia de estímulos análogos puede provocar la aparición de una respuesta también similar. En el caso que comentábamos anteriormente, puede que el alumno cambie de grupo o de colegio, pero cuanto mayor sea la similitud del nuevo contexto con el anterior —aula, profesor, alumnos, formación...—, mayor será la probabilidad de que aparezcan igualmente las conductas anteriores.

Un niño que aprende a comportarse de una determinada forma con su perro, tenderá a mostrar conductas muy similares cuando se encuentre con otros animales que guarden cierto parecido, como gatos, conejos o ardillas. Lo que aprendemos nos sirve para aquellos otros estímulos y contextos que entendemos similares.

El proceso opuesto a la generalización es la *discriminación.* Ésta permite dar respuestas diferentes ante estímulos que, aunque guardan cierto parecido, no son similares. Se produce cuando se ha dado un proceso previo de aprendizaje que ya está consolidado. Un niño puede aprender que una determinada conducta es adecuada en un contexto, y diferenciar que en otro contexto parecido puede resultar inadecuada. Un alumno puede desarrollar una cierta ansiedad ante un profesor que le ha ridiculizado en clase, sin que por ello tenga que extender su reacción de ansiedad a todos los demás profesores.

La discriminación nos permite ajustar nuestra conducta cuando los estímulos son parecidos. Cuando a un niño no se le da la oportunidad de diferenciar entre aquellas situaciones en las que su conducta va a recibir aprobación y aquellas en las que va a recibir una crítica, acaba normalmente por desarrollar alteraciones neuróticas, con síntomas que pueden ir del abatimiento a la agresividad.

Aprender de las dificultades

La adversidad tiene el don de despertar talentos ocultos que en la prosperidad hubiesen permanecido durmiendo.
HORACIO

En nuestras vidas encontramos a menudo *contratiempos, dificultades* que debemos superar. No se puede tener todo lo que uno desea y en el momento que lo quiere. Éste es uno de los aprendizajes más importantes que el hijo debe recibir. Aunque pueda parecer contradictorio o paradójico, la infelicidad de algún modo da sentido a la felicidad, al igual que el día cobra sentido tras la noche o el descanso tras la actividad.

Un niño que está aprendiendo a dar sus primeros pasos, encontrará algún nuevo aprendizaje en cada una de sus caídas. Aprenderá cómo no debe hacerlo la próxima vez, con qué debe tener más cuidado, qué cosas hacen daño. Pero sobre todo aprende a levantarse y a intentarlo de nuevo. Descubre el valor de la constancia.

Tal y como afirmaba Confucio, «sin fricción no se puede pulir una piedra preciosa». Las dificultades nos enseñan muchas cosas. Nos ayudan también a ir perfeccionándonos. Privar al niño de toda adversidad, darle todo aquello que pide y decirle siempre que sí equivale a negarle uno de los aprendizajes más necesarios para su futuro bienestar.

Debemos permitirles experimentar las *consecuencias* naturales que se derivan de su conducta, especialmente cuando ésta es inadecuada y, como es lógico, siempre y cuando no se ponga en riesgo su integridad física.

Si un niño decide no comer, no tardará mucho en sentir hambre. Si es descuidado con sus juguetes y los rompe o los pierde, no podrá después seguir disfrutando con ellos. Si no ha hecho los deberes y, por ese motivo, recibe un castigo en el colegio, tendrá que acatarlo.

Evitarle ese tipo de consecuencias supone privarle del valioso aprendizaje que conllevan. Si le damos de comer antes de la siguiente comida, si le buscamos el juguete o le compramos uno nuevo, o si hacemos su castigo por él, no podrá experimentar el resultado que se ha derivado de sus conductas.

Capítulo IV
El poder de los refuerzos

Los padres han llegado a estar tan convencidos de que los educadores saben lo que es mejor para los niños, que olvidan que ellos mismos son realmente los expertos.

MARIAN WRIGHT EDELMAN

Reforzar las conductas

Los padres son los principales agentes de socialización para sus hijos. Ellos disponen de todo un repertorio de *recursos* para moldear la conducta de éstos. Pueden fomentar o debilitar determinados comportamientos, fundamentalmente a través de lo que se conoce como refuerzos.

La palabra *refuerzo* hace referencia aquí a un determinado suceso, un resultado o una consecuencia que se asocia a la conducta y que es capaz de modificar la probabilidad de ocurrencia futura de la misma. Un premio o un castigo que aparecen como resultado de una determinada conducta son consecuencias que pueden llevar a la persona a repetirla o a intentar inhibirla.

Parece evidente que la conducta puede explicarse a partir de las motivaciones individuales y de las consecuencias que se derivan de la misma. Conocer los motivos y los resultados nos puede ayudar mucho a comprender y, en su caso, a modificar la conducta.

El *reforzamiento* supone el manejo de las condiciones externas con objeto de poder moldear una determinada conducta. Si intervenimos de manera que un comportamiento concreto vaya seguido de una recompensa, éste tenderá a repetirse. Si no se obtiene ningún resultado, la conducta terminaría por extinguirse y desaparecer. Si el resultado es una consecuencia negativa el sujeto tenderá a inhibir esa determinada conducta.

La conducta puede explicarse
a partir de motivos y resultados

Premios y castigos pueden regular la conducta. Un premio puede consistir en algo material, en algún tipo de reconocimiento social, en una actividad agradable. Los castigos, por su parte, pueden ser físicos, o tratarse de una situación de aislamiento social, o de alguna actividad desagradable para el sujeto.

Hablaremos después con más detenimiento del castigo, pero adelantemos aquí uno de los mayores premios y uno de los peores castigos con los que se puede encontrar una persona: la *atención*, y la retirada de la misma, respectivamente.

Uno de los mejores premios:
LA ATENCIÓN

Uno de los peores castigos:
LA RETIRADA DE ATENCIÓN

La rapidez con la que se puede aprender una conducta depende básicamente del tipo de contingencia o relación que se establece entre el refuerzo y la conducta. Influyen varios factores:

- La probabilidad de que la conducta sea o no reforzada.
- El tiempo que transcurre entre que se emite una determinada conducta y la aparición del refuerzo.
- La intensidad o cantidad de refuerzo que se obtiene.
- El número de veces que la respuesta es reforzada.
- El valor que el refuerzo tiene para el sujeto.
- El deseo o necesidad que tiene del mismo.

El valor de la atención

Vamos a ilustrar con un ejemplo el valor de la atención como refuerzo de una conducta.

Un niño cuya capacidad intelectual era adecuada en relación a su grupo de edad, presentaba problemas de rendimiento en la escuela. Los profesores habían comentado anteriormente con los padres esta circunstancia.

El padre, excesivamente ocupado en sus actividades laborales, había reducido al máximo la atención que podía prestar a su hijo.

La madre, que trabajaba fuera de casa, era una persona bastante ocupada, que también realizaba la mayor parte de las tareas hogareñas. Casi siempre, cuando llegaba el hijo del colegio, estaba ocupada en alguna de esas actividades, con lo que disponía de poco tiempo para prestarle atención.

Cierto día, mientras realizaba estas tareas, llegó su hijo especialmente contento del colegio, comentándole que había recibido la felicitación de su profesora por un dibujo que había realizado. La madre dejó lo que estaba haciendo, le pidió que le enseñase ese dibujo y se deshizo en alabanzas hacia sus aptitudes artísticas, y reconoció además el esfuerzo que estaba haciendo en las diferentes asignaturas.

Al día siguiente, para sorpresa de la madre, el hijo trajo del colegio una página con una redacción en la que había cuidado especialmente la caligrafía y la presentación. Nuevamente, la madre decidió prestar atención y relegar sus ocupaciones para después.

La atención constituye un poderoso premio que hace crecer aquello a lo que se dirige. Si prestamos atención a un niño cuando dice una palabrota o utiliza un lenguaje grosero y soez podemos estar reforzando casi sin darnos cuenta ese tipo de lenguaje.

El *error común* que cometemos, a veces de manera inconsciente, es el de *atender a las cosas cuando son inadecuadas o van mal, y no a aquellas que son adecuadas.* Una conducta a la que se presta atención tiende a repetirse. Sin embargo, aquellas conductas que no reciben atención alguna tienden a desaparecer, siempre y cuando no se obtenga algún otro tipo de recompensa por las mismas. Lo que conviene analizar es qué es lo que está reforzando realmente una determinada conducta.

Hay niños cuya conducta rebelde en clase responde a una atención expresa y constante del profesor: «Carlitos, deja ya de hacer ruido». Este alumno puede preferir una conducta inadecuada que está alterando el orden de la clase, antes que pasar inadvertido. ¿Qué refuerzos ha obtenido? Atención por parte del profesor, que le mira a los ojos, le llama por su nombre y le convierte en el centro de atención de toda la clase. Algunos niños prefieren una regañina.

Una cuestión clave sería: ¿prestamos realmente la atención suficiente a nuestro hijo cuando su conducta es adecuada? Lo que nos lleva también a plantearnos una reflexión igualmente importante: ¿puede resultar contraproducente un exceso de atención?

Dirigir y desviar la atención

La conocida y premiada película *La vida es bella* de Roberto Benigni es un excelente ejemplo de cómo la imaginación puede convertirse en una herramienta tanto o más poderosa que la propia realidad. A través de una historia el padre logra desviar la atención de su hijo, intentando convertir en un juego divertido aquello que en realidad era una experiencia dramática.

Las palabras tienen el poder de dirigir la atención de la persona que las escucha, y muy especialmente la de los niños. A menudo podemos evitar conflictos desviando su atención hacia otros temas. Cuando se está ante una situación que puede provocar algunos miedos, como podría ser una visita al médico o al dentista, o que pueda provocar rechazo, como por ejemplo el momento de instalar al niño en su sillita del coche y ponerle el cinturón, hablar sobre estos temas puede hacer crecer en la mente del niño la preocupación por ellos.

Ejemplo de una historia para desviar la atención:

> Alicia, te voy a contar la historia de un perrito. Había una vez un perro llamado Zipi y una niña pequeña que se llamaba Alicia. El perrito vivía en casa de sus abuelos. Un día Alicia fue a visitarles y, cuando llegó, Zipi no paraba de ladrar y de brincar arriba y abajo. La abuela le gritó con autoridad: «¡Quieto, Zipi! ¡Cállate!». Entonces, Alicia, que apenas tenía edad para saber hablar, balbuceó con mucha calma: «Tranquilo, Zipi. Ven». Y el perrito se acercó a ella muy tranquilo, se sentó a su lado, y se quedó en silencio mirándola, moviendo el rabito y esperando...

Contarle a un niño pequeño una breve historia o anécdota mientras le estamos colocando el cinturón de seguridad puede lograr desviar su pensamiento y su imaginación hacia aquello que le resulta más agradable y fácil de elaborar mentalmente. Podemos buscar historias afines con el contexto real en que vive el niño, o también inventar historias creativas, o divertidas, o que transmitan algún tipo de mensaje educativo.

Diferentes tipos de refuerzos

Para que nazcan virtudes es necesario sembrar recompensas.
PROVERBIO ORIENTAL

Dado que la aplicación de refuerzos es una herramienta que nos permite moldear la conducta, conviene hacer una revisión de los principales reforzadores, deteniéndonos en aquellos que sean especialmente significativos para nuestros hijos.

Un listado de refuerzos, incentivos y recompensas podría incluir los siguientes:

- *Refuerzos directos de los padres:* Abrazos. Besos. Caricias. Mirada. Risas, sonrisas. Alabanzas. Atención.
- *Actividades y entretenimientos:* Lectura de cuentos. Televisión. Vídeos. Música, cantar canciones. Adivinanzas. Juegos de mesa: cartas, puzles. Videojuegos. Magia. Internet.
- *Manualidades:* Dibujo. Pintura. Construcciones. Recortables. Arcilla, pasta de modelar. Maquetas, modelos.

LISTADO DE REFUERZOS, INCENTIVOS Y RECOMPENSAS

Refuerzos directos de los padres: ❑ Abrazos ❑ Besos ❑ Caricias ❑ Mirada ❑ Risas, sonrisas ❑ Alabanzas ❑ Atención...	**Salidas y actividades sociales:** ❑ Invitar o ir a casa de un amigo ❑ Visitar a algún familiar ❑ Parque, columpios ❑ Zoológico ❑ Parque de atracciones ❑ Visitar un museo ❑ Competición deportiva ❑ Concierto ❑ Excursión, salida al campo ❑ Cine, teatro...
Actividades y entretenimientos: ❑ Lectura de cuentos ❑ Televisión Vídeos ❑ Música, cantar canciones ❑ Adivinanzas ❑ Juegos de mesa (cartas, puzles, etc.) ❑ Videojuegos ❑ Magia ❑ Internet...	**Actividades extraescolares:** ❑ Instrumento musical (guitarra, piano, etc.) ❑ Danza ❑ Deportes ❑ Idiomas...

Manualidades:	Compras:
❑ Dibujo	❑ Pastel, golosinas, helado...
❑ Pintura	❑ Regalo
❑ Construcciones	❑ Ropa nueva
❑ Recortables	❑ Juguete
❑ Arcilla, pasta de modelar	❑ Música
❑ Maquetas, modelos…	❑ Libro…

- *Salidas y actividades sociales:* Invitar o ir a casa de un amigo. Visitar a algún familiar. Parque, columpios. Zoológico. Parque de atracciones. Visitar un museo. Competición deportiva. Concierto. Excursión, salida al campo. Cine, teatro.
- *Actividades extraescolares:* Instrumento musical: guitarra, piano. Danza. Deportes. Idiomas.
- *Compras:* Pastel, golosinas, helado. Regalo. Ropa nueva. Juguete. Música. Libro.

Para ser eficaz, un refuerzo debe reunir una serie de condiciones y características. Debe ser *personalizado, significativo,* estar relativamente disponible o ser *asequible, fácil de aplicar* y *variado.* Conviene recordar que lo realmente importante no es el valor que nosotros asignamos al refuerzo, sino el valor que concede nuestro hijo al mismo. La eficacia del refuerzo dependerá en gran medida de la adecuación del mismo a su edad, características, necesidades, motivaciones e intereses.

Cómo administrar los refuerzos

Las investigaciones en psicología muestran que con la aplicación de diferentes programas de reforzamiento se obtienen también resultados diferentes. Pero ¿en qué consiste un programa de reforzamiento? Consiste en el establecimiento de una determinada pauta o secuencia programada que sirve como criterio de referencia para aplicar un refuerzo. A partir de la observación de las relaciones entre conductas y las consecuencias o resultados, el niño establece la relación o asociación que existe entre ambos.

A partir del análisis de los refuerzos que son significativos para el niño hemos podido decidir con qué vamos a reforzar una determinada conducta que deseamos potenciar, pero ¿cuándo vamos a reforzarla?, ¿a partir de qué criterio? Nos encontramos con varias posibilidades:

- No reforzar nunca una conducta.
- Reforzarla en todas las ocasiones.
- Reforzarla cada vez que dicha conducta se repite un determinado número fijo de veces.
- Reforzarla en función de la frecuencia de aparición, pero variando el número de veces necesario para aplicar el refuerzo.
- Reforzarla cada vez que la conducta se da durante o tras un tiempo fijo predeterminado.
- Reforzarla en función del intervalo de tiempo, pero variando éste.

Según vemos, los programas de reforzamiento pueden establecerse básicamente a partir de la aparición o no de la conducta y del número de veces que aparece, así como de los intervalos de tiempo en los que se produce. Podemos hablar así de dos tipos de programas de reforzamiento diferentes: los de razón (en función de la frecuencia) y los de intervalo (en función del tiempo). Cada uno de ellos puede subdividirse a su vez en fijo o variable, obteniendo de este modo cuatro programas de reforzamiento básicos:

a. Programas de reforzamiento de *razón fija.*
b. Programas de reforzamiento de *razón variable.*
c. Programas de reforzamiento de *intervalo fijo.*
d. Programas de reforzamiento de *intervalo variable.*

Estos diferentes métodos tienen una aplicación práctica inmediata.

La diferencia entre razón fija y razón variable estriba en que en la primera aplicamos el refuerzo cada vez que la conducta se produce un número fijo de veces, mientras que en la segunda ese número va variando. En el primer caso se aplicaría el refuerzo cada vez que el niño repite la conducta; por ejemplo, cinco veces. En la segunda, este número iría variando, con lo que podría recibir el refuerzo cuando ha repetido la conducta dos veces, la siguiente vez quince veces, a continuación siete, y así sucesivamente.

En el caso de los programas de intervalo, el criterio que determina la aparición del refuerzo es el tiempo. En el primer caso éste se produce cuando la conducta se mantiene durante un periodo de tiempo fijo o se produce tras un periodo de tiempo preciso prefijado, mientras que en el segundo ese intervalo de tiempo va variando. Por ejemplo, se puede establecer un periodo fijo de una hora, tras el cual se produce el reforzamiento, o ir variando ese intervalo de tiempo necesario para reforzar la conducta.

Las consecuencias de aplicar cada uno de estos programas son diferentes. En general, si reforzamos una conducta cada vez que aparece —reforzamiento continuo— podremos facilitar su *aprendizaje inicial*, pero corremos el riesgo de que el refuerzo acabe perdiendo valor para el niño, que podría terminar habituándose al mismo.

Cuando reforzamos cada vez que se da la conducta un determinado número fijo de veces, el niño aprendería a repetirla, lo que permite *consolidar el aprendizaje* de la misma.

Finalmente, si introducimos variaciones en dicho número, aprendería que la conducta no siempre es reforzada, pero sabe que tarde o temprano acabará obteniendo su recompensa. Además, si tenemos en cuenta que una conducta que no es reforzada tiende a extinguirse y a desaparecer, la expectativa de recompensa futura contribuye a retrasar y *dificultar la extinción* de la conducta. De hecho, las investigaciones muestran que cuando se deja de aplicar un programa de razón fija, la conducta tiende a extinguirse más rápidamente que si el programa que deja de aplicarse era de razón variable. Y, en el primer caso, si el reforzamiento ha sido continuo y no intermitente, sería suficiente con dejar de reforzar unas cuantas veces para que la conducta desapareciese con cierta rapidez.

Imaginemos a un niño que está trabajando en su mesa de estudio. Podemos reforzar varios comportamientos:

- Por haberse puesto a estudiar por propia iniciativa.
- Por haber terminado sus deberes.
- Por haber cumplido un determinado tiempo de estudio que se había marcado previamente.
- Por haber resuelto correctamente un problema.

Éstos pueden recibir una alabanza del tipo «muy bien». Sin embargo, si abusásemos de este tipo de refuerzo, perdería parte de su eficacia inicial, e incluso podría llegar a ser hasta contraproducente. Así pues, podemos ir cambiando el tipo de refuerzo por alguno de los que vimos anteriormente en el listado de refuerzos e incentivos. Por otro lado, si no aplicamos ninguna recompensa y dejamos de reforzar definitivamente una determinada conducta, ésta tendería a extinguirse.

Según el niño vaya creciendo, debemos ir enseñando y promoviendo la aplicación de autorrefuerzos, de modo que pueda ser el propio niño el que se refuerza y premia a sí mismo por las conductas adecuadas que ha realizado.

Moldear la conducta

Los refuerzos nos permiten también ir moldeando la conducta. El moldeado es eficaz en el aprendizaje de conductas nuevas, sobre todo en el de aquellas que pueden resultar especialmente complejas.

El proceso de *moldeamiento* consiste básicamente en desglosar o dividir una determinada conducta, que podría resultar más difícil de aprender en su totalidad, en otras conductas intermedias más sencillas. Cada una de ellas supone un acercamiento, un eslabón, un paso sucesivo y progresivo que representa un avance hacia el logro de la conducta final deseada.

Cada conducta previa debe ser reforzada hasta que el niño la realiza adecuadamente. A continuación se le enseña a realizar la siguiente conducta, reforzando entonces la aparición de ambas conductas. Y así sucesivamente.

Para que un niño aprenda a ponerse la ropa y vestirse solo, por ejemplo, no sería razonable esperar a que lo haga todo completamente bien para aplicar recompensas. Es más eficaz reforzar cada una de las aproximaciones y aprendizajes previos que se vayan produciendo:

- Primero le enseñamos a ponerse la ropa interior. Dejamos que él lo haga solo, advertimos dónde encuentra dificultades y le vamos orientando y animando.
- Le damos un refuerzo verbal cuando lo hace adecuadamente: «Bien hecho».
- El siguiente paso puede ser enseñarle a ponerse la camisa, lo que a su vez requiere aprender también a abrochar los botones.
- Le reforzamos por hacerlo bien: «Fenomenal».
- Después le enseñamos a ponerse la falda o el pantalón.
- Le reforzamos cuando lo hace correctamente: «Lo has hecho muy bien».
- A continuación actuaríamos de forma similar con el jersey.
- «Ya casi estás vestido».
- Le enseñamos a ponerse los zapatos y a abrochárselos.
- «Muy bien. Vamos a llamar a los abuelos y les contamos que ya has aprendido a vestirte. Y podemos comprar un juego para celebrarlo».

Todo este proceso no tiene, lógicamente, que realizarse en un solo día. Se trata de un aprendizaje progresivo. Cada día podemos ir avanzando en los diferentes pasos, en función de los progresos que vaya realizando el niño.

Esta técnica puede aplicarse también en el aprendizaje del control de los esfínteres, o en las conductas de aseo como lavarse las manos, cepillarse los dientes, ducharse…

Asignar responsabilidades

Si usted quiere que sus hijos tengan los pies sobre la tierra, colóqueles alguna responsabilidad sobre los hombros.
A. Van Buren

Asignar una responsabilidad, con lo que conlleva de confianza, puede ser un recurso muy válido para hacer aflorar nuevas conductas más positivas en el hijo.

Algunos padres lo hacen con esa intención. Pero incluso aquellos que se han visto en la necesidad de asignar una responsabilidad a un hijo problemático, han obtenido en general resultados muy positivos.

Un hijo que constata que se deposita por primera vez la confianza en él, suele comenzar a poner en marcha recursos personales que anteriormente no había utilizado. Con arreglo a su edad se le puede solicitar su ayuda para que se responsabilice de alguna actividad necesaria: para que cuide de un hermano menor, para que atienda la casa durante una ausencia obligada de los padres.

Cuando algunos alumnos problemáticos reciben la confianza del profesor, su actitud suele cambiar. Si el profesor delega en ese alumno concreto una determinada función, puede que no tarde en notar algunos cambios significativos en su conducta. Puede encargarle cuidar de la clase, integrar a un chico nuevo, formar en algún conocimiento específico a los demás, preparar un tema que domine especialmente para explicárselo a sus compañeros.

Un niño al que se le asigna una tarea de cierta responsabilidad recibe un mensaje muy importante: «Te necesito. Tú puedes hacerlo bien. Eres responsable. Confío en ti». Además se le está brindando una oportunidad excepcional de ponerse en el lugar del otro, bien sea del profesor, de los padres, o de los compañeros. Esto contribuye también a desarrollar su empatía.

La importancia de las expectativas

Los niños que son tratados como si fuesen imposibles de educar, a menudo, invariablemente, llegan a ser imposibles de educar.
KENNETH B. CLARK

Una *conducta inadecuada* que aparece por *primera vez* en un niño debe ser tenida en cuenta. Si el hijo ha recibido una orientación previa sobre el tema y siempre ha respondido adecuadamente, habrá que prestarle atención a dicha conducta, pero sólo la justa.

Darle excesiva importancia a una pequeña mentira, o incluso al hecho de hacer novillos por una vez en alguna clase, puede acabar por convertir esas conductas en un problema más serio. Nos podemos encontrar ante algo similar a lo que ocurre con el fuego: cuanto más soplas para apagarlo más arde la llama, y mayor magnitud alcanza el incendio.

Algunos padres podrían verse tentados a convertir el hecho en un drama, contándoselo a todos los conocidos delante del hijo, reprochándoselo a él continuamente con objeto de culpabilizarle, o castigándolo con dureza y severidad. Así pueden acabar por enquistar el problema, y provocar o aumentar el distanciamiento con su hijo.

De entrada no tendría mucho sentido castigar ese primer fallo. Lo más adecuado puede ser hablarlo con serenidad con nuestro hijo, escuchar sus razones y dejar que se explique sin interrumpirle ni intentar aleccionarle.

Después de escuchar con atención su versión podemos explicarle las consecuencias negativas que se podrían haber derivado de su conducta y recordarle los motivos por los que esa determinada conducta es inadecuada.

Finalmente podríamos decirle que entendemos que ha sido un desliz, y que, conociéndole, resulta impensable en él. Se trata de aprovechar la circunstancia para reafirmar nuestra confianza en él. Es más provechoso utilizar el suceso para poner en el hijo la responsabilidad de cara al futuro, mostrarle nuestra confianza en su madurez y manifestarle nuestra convicción de que no volverá a repetirse.

El objetivo es aprovechar el poder de nuestras expectativas sobre nuestro hijo. Las creencias de nuestro hijo sobre sus propias capacidades dependen en gran medida de las nuestras. Podemos afirmar que nuestra creencia genera realidades, como si se tratase de una especie de profecía que se cumple por sí misma.

Capítulo V
El ejercicio adecuado de la autoridad

Educad a los niños y no será necesario castigar a los hombres.
PITÁGORAS

Reflexiones sobre la autoridad

En las últimas décadas, intentando encontrar una forma más adecuada de educar, se ha pasado del «ordeno y mando» a negociarlo todo. Caemos en una especie de diálogo entre «desiguales» que, en una errónea pretensión de aparente correspondencia, termina por consentir en todo lo que el niño reclama. Hay un continuo entre la amenaza autoritaria («como vengas un minuto después de las doce te vas a enterar») y la tolerancia permisiva («... pero ven pronto, ¿vale?»).

Los padres intentan evitar el conflicto cediendo. Abdican de su autoridad en un exceso de permisividad que a veces resulta alarmante. Se consiente demasiado para «no traumatizar», para evitar «males mayores», para acabar cuanto antes con la discusión.

Hoy en día se está poniendo mucho énfasis en el tema de la autoridad a la hora de educar a los hijos. Es, sin duda, un tema de especial preocupación.

Muchos padres podrían confundir tantos mensajes sobre la necesaria autoridad con la aplicación de castigos, asociado a frases del tipo: «Se va a llevar su merecido», «él se lo ha buscado», «así aprenderá a respetarme». Tal vez logren con esa actitud una aparente obediencia y sumisión pero, en no pocos casos, la relación con el hijo puede verse teñida de miedo, desconfianza o recelo.

Es necesario precisar que al hablar de autoridad en la educación no estamos refiriéndonos a ella como sinónimo de dominio, superioridad, fuerza, jerarquía o prepotencia. En realidad estamos haciendo alusión a un verdadero poder de influencia positiva sobre el hijo.

El concepto de autoridad puede ser entendido de diferentes formas. *Autoridad* implica el poder y el derecho tanto de mandar como de hacerse obedecer. Cuando una persona ejerce el poder se coloca en una posición de superioridad sobre otra que queda subordinada a los dictados de aquélla.

Se puede entender también que tener autoridad es tener criterio. En este sentido hablamos de autoridad para referirnos a aquella persona que domina un determinado ámbito de *competencia y conocimiento*, y a la que se le reconoce dicho dominio. Cuando decimos de alguien que se le reconoce en la materia, la estamos reconociendo como una persona versada, capacitada, experta, preparada, entendida y competente en la misma.

A partir de esta idea, podemos afirmar que la autoridad se adquiere, se gana, y se tiene que mantener. La pérdida de autoridad supone la merma de ese crédito, así como el deterioro del reconocimiento sobre la competencia o capacidad para dirigir, tomar decisiones y mandar.

¿IMPOSICIÓN? ¿SUMISIÓN?

El adjetivo *autoritario* hace referencia a la imposición del poder de forma absoluta, con objeto de lograr la sumisión, la obediencia y la subordinación. La imposición autoritaria de los dictados de quien manda se complementa con el sometimiento y la sumisión de quien obedece. Es necesario poner de relieve y reflexionar sobre algunos matices que pueden marcar las diferencias entre autoridad y autoritarismo.

AUTORIDAD	AUTORITARISMO
Poder	Omnipotencia
Criterio	Arbitrariedad
Justicia	Injusticia
Influencia	Imposición
Competencia	Prepotencia
Democracia	Autocracia
Reconocimiento	Reverencia
Consideración	Subordinación
Respeto	Obediencia
Facultad	Superioridad
Potestad	Imposición
Razón	Fuerza
Normas	Órdenes
Coherencia	Incoherencia
Opinión	Sumisión
Equidad	Desigualdad
Aceptación	Resignación
Conformidad	Sometimiento
Dirección	Dominación
Supervisión	Control

La autoridad supone mando, dominio y potestad. Implica una jerarquía que, aunque por principio se basa en la desigualdad entre las partes, surge de un sentido de la justicia y la equidad. Lejos de la obediencia ciega, la sumisión y el sometimiento, la autoridad va ligada al razonamiento, la posibilidad de opinar, la búsqueda del respeto y la conformidad.

Tres de los elementos que dan un crédito especial a la autoridad son la competencia, el sentido de la justicia y la coherencia. Hablar de autoridad, especialmente en lo que concierne a la educación de los hijos, no es hablar de autoritarismo. Es hablar de *autoridad moral* en el sentido anteriormente expuesto. Es una autoridad que se gana, y va estrechamente ligada a la atribución de competencia a la persona que la administra, del reconocimiento de su sentido de la ecuanimidad, y de la coherencia de su conducta.

Los padres no deben actuar como jefes en lo referente a la educación de sus hijos, sino «liderar» la misma, lo que requiere adquirir y desarrollar una serie de competencias que son necesarias para hacerlo correctamente.

La autoridad bien ejercida logrará el respeto del hijo sin anular su individualidad, sin constreñir su personalidad. Entre la represión y la permisividad seguro que sabremos encontrar la justa medida, la precisa y necesaria combinación de exigencia y tolerancia, de firmeza y diálogo.

Podemos ganarnos la autoridad como padres si logramos convertirnos en un ejemplo y un modelo de respeto y de valores. Se trata de lograr una verdadera autoridad que dimane de la capacidad personal, del criterio, de la razón, del respeto, la coherencia y el sentido de la equidad.

Por supuesto, hablar de autoridad en este sentido es hablar también de libertad.

Las necesarias reglas del juego

Los niños no sólo necesitan autoridad. La reclaman, e incluso a veces la están demandando a gritos con su mala conducta.

En cierta ocasión un grupo de jóvenes conflictivos y con problemas de conducta fueron llevados a un campamento. Cuando llegaron al lugar de destino, el monitor les reunió para intentar explicarles las diversas actividades que se iban a realizar, y para comentarles algunas normas básicas: horarios para levantarse y para las comidas, diversas tareas básicas de limpieza y organización, pautas para la utilización y cuidado de las diversas instalaciones, posibilidad de formación de subgrupos y encargados de cada grupo, etc.

La reacción inicial mayoritaria de los jóvenes fue de rechazo de las normas, alegando que habían ido a disfrutar y que no tenía sentido regular con normas. El monitor decidió hacerles la siguiente propuesta: dado que rechazaban tan abiertamente cualquier tipo de normas, les propuso eliminarlas todas. El juego consistía en que no hubiese normas. Los chicos consideraron que era una buena idea eso de que no hubiese ninguna regla que acatar.

Lógicamente los problemas de organización no tardaron en aparecer: qué actividades vamos a hacer, cómo se toman las decisiones, dónde vamos a ubicarnos, cuándo se come… Uno de los jóvenes sacó el balón de su mochila y propuso organizar un partido de fútbol. El monitor recordó el acuerdo al que habían llegado: no se pueden seguir normas. Eso implicaba que el reglamento quedaba invalidado: no habría faltas, ni penaltis, ni árbitro, ni fuera de juego, cualquiera podría coger el balón con las manos… Resultaba evidente que, incluso para establecer los grupos, determinar el número de jugadores o marcar la duración del partido, era necesaria una cierta organización y unas mínimas reglas de juego.

Ante el caos que se había producido eran los propios chicos los que empezaban a poner normas. El juego de «no a las normas» había terminado. Consideraron que era necesario organizarse de algún modo, aceptando la dirección del monitor, que había conseguido demostrarles con ese ejercicio que *si no hay reglas, no hay partido.*

Sin normas no hay sociedad, ni empresa, ni colegio, ni familia. A falta de reglas, el caos y la anarquía no tardan en ser una realidad.

Paradójicamente muchos jóvenes se muestran rebeldes contra el sistema, mientras adoptan una actitud de sumisión hacia las normas que establece su propio grupo. Las acatan porque las necesitan, porque sin normas no hay seguridad, ni equilibrio, ni estabilidad, ni inclusión, ni convivencia.

Establecer normas

Un niño que no es educado en el respeto a las normas probablemente será el día de mañana un joven y un adulto inadaptado, conflictivo, aislado y rechazado socialmente. Las personas no pueden poner la música a todo volumen y a la hora que les parece, no pueden apoderarse de las propiedades ajenas, no pueden conducir en dirección contraria o saltándose los semáforos y las señales de stop, no pueden faltar al trabajo porque no les apetezca madrugar. Derechos y deberes tienen que ir inseparablemente unidos. No es razonable pretender gozar de todos los privilegios sin cumplir las obligaciones que nos hacen acreedores de los mismos.

No consiste en imponer a los hijos todo un paquete de normas de obligado cumplimiento y hacerlo sin más. Conviene explicarles el porqué de la necesidad de las mismas, y enseñarles a respetarlas.

En la educación es prioritario enseñar a los hijos a:

- Comprender el sentido de las reglas.
- Respetar las normas.
- Apreciar las consecuencias de su conducta.
- Aceptar las frustraciones.
- Diferir las gratificaciones y aplazar las recompensas.
- Aprender de los errores.
- Ejercitar el autocontrol de sus impulsos.

Cuando hablamos de lo que es razonable tenemos la sensación de que todos sabemos a qué nos estamos refiriendo y de que hay un consenso unánime. Pero a la hora de la verdad, en la práctica, cada padre encuentra sensato, lógico y conveniente un criterio distinto. Para contextos y edades muy similares, algunos padres consideran adecuado, por ejemplo, que su hijo vuelva a casa a las diez, mientras que otros consideran razonable que regrese de madrugada. Las normas se deben explicar y razonar. Se pueden negociar y consensuar. Pero tiene que haber límites que sean realistas, comprendidos y aceptados.

El sistema familiar es una sociedad en pequeño, con una estructura y una organización, con unas normas que cumplir. Uno debe conocer, aprender y respetar en su entorno familiar normas, reglas y criterios que serán bastante similares a los que posteriormente va a encontrar en la sociedad en la que vive. Y recibir también consecuencias muy similares a las que luego obtendrá en sus relaciones con los demás, en el ámbito académico, laboral y social.

No podemos pasar por alto conductas agresivas de nuestros hijos sin dar una respuesta inmediata de negativa, con serenidad pero razonando con firmeza y autoridad.

Un niño que golpea a otro y obtiene una sonrisa permisiva de sus padres, que se limitan a afirmar en un tono condescendiente: «son niños», es un niño al que se confunde, al que se priva de entender las verdaderas consecuencias de su conducta. Será un niño desorientado respecto a los comportamientos que son socialmente admisibles y los que no lo son. No resultará extraño verle de mayor metido en peleas, agrediendo a otros y considerando la violencia como un recurso legítimo para lograr sus objetivos.

¿Cómo se administra la autoridad en la familia?

Cuando se habla de la educación de los hijos, la autoridad generalmente resulta un tema polémico. Es evidente que, en las últimas décadas, se ha pasado de una cierta represión y actitud autoritaria en el estilo educativo a una excesiva permisividad e incluso dejación de la responsabilidad de dirigir. Algo no se está haciendo correctamente. La situación actual requiere de una intervención que podría considerarse casi urgente.

Diversas conductas ponen de relieve la posible existencia de problemas relacionados con el tema de la autoridad. Tanto una excesiva permisividad como una autoridad demasiado rígida pueden estar detrás de muchas conductas socialmente reprobables. Por ejemplo, el niño que pega a otros niños, destroza juguetes y objetos diversos, les quita o les roba sus cosas a los demás, da rienda suelta a su cólera o sus deseos de venganza. O bien, el que a la hora de comunicarse interrumpe con frecuencia, es impertinente o respondón, grita en vez de hablar, amenaza, miente.

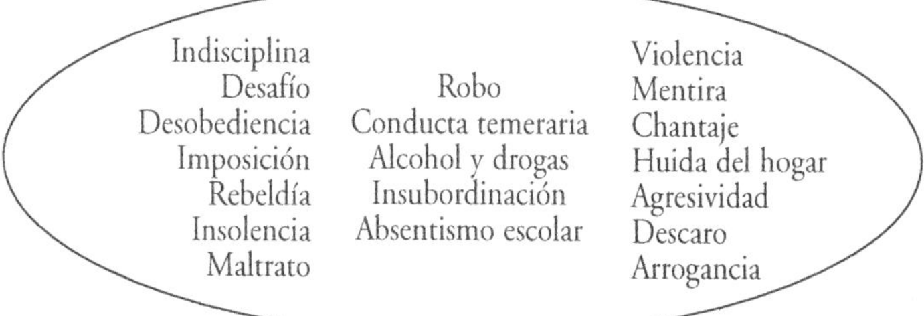

¿Problemas con la autoridad?

Antes de adoptar cualquier medida cuando ya han surgido conflictos de autoridad en el entorno familiar, conviene reflexionar sobre diversas cuestiones al respecto. Algunos aspectos referidos a la autoridad en el seno de la familia requieren un especial análisis:

- Métodos que se emplean habitualmente para ejercer la autoridad.
- Normas que se han establecido para regular la convivencia.
- Adecuación de las mismas.
- Claridad en su formulación.
- Conformidad del hijo con dichas normas.
- Posibles variaciones que han ido experimentando las estrategias educativas adoptadas.
- Grado de flexibilidad en la aplicación.
- Respuesta del niño ante las normas.

- Quién ejerce la autoridad en el hogar: el padre, la madre, ambos.
- Posibles influencias del modelo de autoridad que han recibido los padres.
- Variaciones en su aplicación en función del estado de ánimo de los padres.
- Diferencias en las reacciones del niño en presencia de la madre o del padre.
- En qué medida son razonables y adecuadas las expectativas referidas a la obediencia a las normas.
- Dónde se ubicaría el estilo de autoridad en el continuo entre excesiva permisividad y autoritarismo.

Estilos educativos

Es difícil encontrar unos padres que estén completamente de acuerdo en todo lo que se refiere a la educación de sus hijos. Hasta puede resultar inconveniente. Tal vez tengan incluso estilos educativos diferentes que en algunos casos pueden complementarse.

Lo que sí resulta primordial es que alcancen el mayor grado de acuerdo posible, y que muestren y sigan un criterio unánime cuando se encuentran delante de los hijos. Para ello es necesario hablar previamente, en privado, llegar a compromisos, y actuar después de manera consecuente, respetando las decisiones que han tomado conjuntamente.

Los estilos educativos básicos presentan diferencias claras en cuanto a la forma de desempeñar el rol de padres, de administrar la autoridad, de establecer la relación afectiva con los hijos.

Podemos agruparlos en cuatro tipos bien diferenciados:

1. Autoritario o autocrático.
2. Democrático o participativo.
3. Permisivo o liberal.
4. Paternalista o sobreprotector.

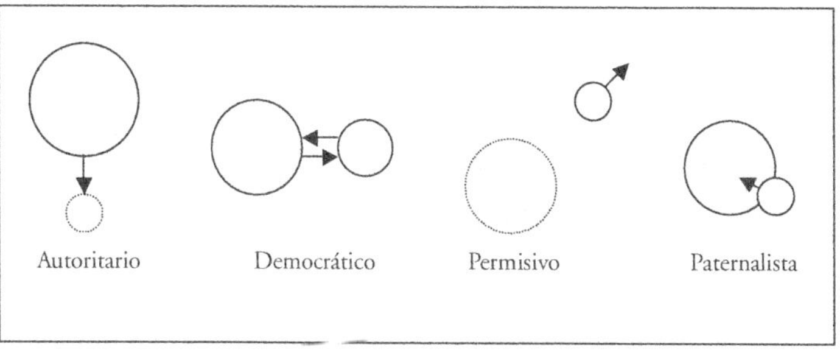

Representación gráfica de cuatro estilos educativos

1. *Autoritario o autocrático*

Es un modelo coercitivo, represivo, dictatorial, que está basado en la imposición, la severidad y el sometimiento. Se intenta imponer por la fuerza una autoridad de los padres que se presenta como incuestionable.

Tiene una clara orientación negativa, utilizando preferente y casi exclusivamente el castigo como herramienta para mantener la disciplina. La comunicación que se establece con los hijos es unidireccional, de los padres a los hijos, en forma de instrucciones, órdenes, mandatos.

A la hora de establecer las normas, no se razonan ni se tienen en cuenta las necesidades personales e individuales de cada miembro. Predomina la rigidez, las reglas estrictas de obligado cumplimiento, y se castiga con severidad la transgresión de las mismas.

Cabe mencionar que, en determinados casos, algunos padres muestran formas muy autoritarias con un trasfondo de permisividad encubierta que resulta contradictoria. También pueden mostrarse muy rígidos sobre cuestiones cotidianas, y aplicar una excesiva laxitud sobre cuestiones esenciales. Consiguen de esta forma mantener una autoridad aparente, pero no real.

La relación que se establece con los hijos suele ser distante y poco afectiva. Los padres suelen prestar poco apoyo, dedicados exclusivamente a mandar y a hacer mantener el orden. Es un modelo que suele generar retraimiento, inhibición, resentimiento y hostilidad en el niño. En el caso del adolescente y del joven surge el deseo de transgredir las normas, desafiando una autoridad que consideran injusta.

Con frecuencia este estilo educativo genera en el hijo un deseo de alejarse del núcleo familiar, en busca de independencia y de un clima de mayor libertad y permisividad.

2. *Democrático o participativo*

Es un estilo positivo, basado en la recompensa, los refuerzos, el reconocimiento y la alabanza. Los padres se muestran dialogantes, cercanos. Establecen una comunicación bidireccional con los hijos, en la que prima la escucha.

Se reconocen tanto los derechos como los deberes de toda la familia, no solamente de los hijos. Es una forma de educar que va estrechamente ligada a aspectos como la responsabilidad, la confianza y la delegación. El modelo participativo propicia también la creatividad, el respeto, la cooperación y la independencia.

Conviene poner de relieve que en el modelo democrático los que mandan son los padres, que establecen límites claros pero sin caer en la rigidez. No se trata de que manden todos y decidan todos, ni de que haya que votar para todo. Los padres permiten participar a los hijos, recaban sus opiniones y los tienen en cuenta en la toma de decisiones, pero son ellos los que deciden.

Se conjuga en este modelo la firmeza con la flexibilidad. Exigen igualmente el cumplimiento de unas normas; sin embargo, en este caso se trata de normas razonadas, de reglas que se establecen escuchando y teniendo en cuenta las circunstancias personales y puntuales de los hijos. Las normas se establecen a partir de criterios más tolerantes.

Los padres que presentan este estilo educativo se muestran afectuosos con sus hijos, así como interesados y comprometidos decididamente con su educación. Contribuyen de este modo a fomentar progresivamente la autonomía del hijo, y a desarrollar su personalidad y sus capacidades.

3. *Permisivo o liberal*

El modelo permisivo evidencia un estilo de educar pasivo, desestructurado, en el que no se establecen normas ni límites. No se ofrecen orientaciones ni se establecen pautas precisas. La ausencia de una organización clara propicia el libertinaje y la anarquía. Los padres se limitan a dejar hacer, a dar al niño absoluta libertad. Se trata de un modelo de educación en el que en realidad no manda nadie. Y en ausencia de mando, el niño suele tomar el poder.

La permisividad se pone de manifiesto en la cesión y la rendición de los padres ante las múltiples exigencias del hijo. La falta de normas, el escaso o nulo control y la excesiva tolerancia hacen insoportable el clima en algunos hogares. Es evidente que los padres no están sabiendo ejercer adecuadamente su autoridad.

El modelo muestra a unos padres que no se implican afectivamente, que se mantienen al margen. Da la impresión de que han tirado la toalla y han renunciado a su labor educativa. Generalmente se manifiestan insatisfechos con la conducta de sus hijos, pero no hacen nada por cambiar la situación.

De algún modo, el hecho de dejar tanta libertad al hijo podría también permitirle desarrollarse por su cuenta y a partir de sus propias experiencias. Pero las variables externas cobran entonces especial relevancia. Su educación será en parte fruto de con quién se relacione, en qué contextos se desenvuelva, qué aprendizajes obtenga. A falta de una base y de una orientación y dirección claras, las consecuencias y el resultado son difíciles de predecir.

4. *Paternalista o sobreprotector*

El estilo paternalista dirige su esfuerzo principalmente a proteger al hijo. Los padres controlan y supervisan prácticamente todo. Le apoyan, pero llegando generalmente a tomar las decisiones por él, con lo que aumentan su dependencia e inseguridad. Se trata de una especie de «padres conseguidores» que consienten al hijo, pero impiden su maduración, y dificultan su desarrollo y su aprendizaje.

Los padres sobreprotectores se preocupan, se ocupan y se «sobreocupan» de sus hijos. Las relaciones que establecen con ellos son afectivas, pero con un trasfondo de dependencia emocional y personal que finalmente termina por poner en riesgo la autonomía del hijo.

En algunos casos se manifiestan como «padres salvadores», que advierten a sus hijos de cualquier posible peligro, acuden rápido a rescatarles cuando se encuentran en problemas. Intentan evitarles cualquier mínima consecuencia negativa derivada de sus actos, con lo que están dificultando indirectamente también su aprendizaje.

Marcan algunas normas, pero no llegan a establecer unos límites claros. Les dicen lo que deben hacer y cómo deben hacerlo. Aunque el hijo puede sentirse querido, encuentra problemas para desarrollar plenamente su personalidad, su autoestima y su sentimiento de valía. El concepto que se forja de sí mismo es el de una persona necesitada de otra, que decide por él.

Observando el comportamiento de los niños y de los jóvenes no resulta muy difícil imaginar el estilo educativo que han utilizado sus padres.

Afortunadamente, los antiguos aforismos, del tipo «la letra con sangre entra», que abogaban por un estilo de educación más represiva, hace mucho tiempo que quedaron fuera de lugar. Sin embargo, en la balanza de los estilos educativos se pasó de poner el acento en el autoritarismo irracional a colocarlo en una permisividad inaceptable, que está resultando extremadamente perjudicial para la educación y socialización de los menores, y está mellando las relaciones entre padres e hijos.

Aquellos padres que ejercen una sobreprotección acaparadora, o los que entienden mal el concepto de dar libertad y recurren a una permisividad excesiva, pueden encontrarse a corto o medio plazo sometidos a la tiranía, la violencia y el despotismo de los propios hijos.

Unos límites razonables

El establecimiento de normas debe estar basado en criterios razonables, y debe adecuarse a cada niño y a su circunstancia particular. La edad y personalidad de cada niño marcan cambios en la forma de regular dicha autoridad, pero en cualquier caso es necesario que sea coherente y compartida por ambos cónyuges. La arbitrariedad en la aplicación de las normas, las continuas excepciones y la falta de proporcionalidad suelen dar al traste con cualquier estrategia en ese sentido.

¿Cómo se puede desorientar a un hijo ante el tema de la autoridad? Es bastante fácil llegar a ese punto. Por ejemplo, si los padres deciden consentir un día y castigar otro, permitir una conducta en determinadas circunstancias y prohibirla en otras parecidas, mostrarse muy rígidos en determinados momentos y ceder en otros ante las posibles artimañas que emplee el niño, mostrar desacuerdo y discutir entre ellos delante del niño sobre lo que es adecuado y lo que no lo es, aplicar cada uno de ellos diferentes criterios, entrar en discusiones con el hijo y dejarse convencer por agotamiento.

Es necesario establecer límites razonables. Las normas no se crean porque sí. Se trata de un procedimiento necesario y justo, y no de algo arbitrario y caprichoso. Enseñar a aceptar normas razonables y razonadas es educar para la convivencia futura. Es fácil imaginar las dificultades de integración social con las que se puede encontrar el día de mañana un niño que no ha sido educado para respetar unas reglas que progresivamente la sociedad le va a ir exigiendo.

En cualquier caso hay etapas como la adolescencia que se caracterizan por una cierta tendencia a la *rebeldía*. Con frecuencia el adolescente está buscando su propio espacio, y se está buscando a sí mismo en una sociedad que no acaba de comprender. La rebeldía propia de esta edad debe ser tenida en cuenta como «algo propio de esos años», y no como un cambio a peor, o que necesariamente vaya a ser permanente.

¿Qué hacemos entonces ante la rebeldía? De entrada se pueden producir en los padres sentimientos de *culpa*, de *duda* sobre la eficacia de la educación que se ha ido proporcionando durante los años anteriores, de *miedo* a la pérdida de control o influencia sobre el hijo.

La adolescencia es una etapa que debe ser entendida desde el punto de vista del joven, y en la que pueden producirse crisis o quiebras en la relación. El adolescente, por su parte, se debate entre la dependencia y lo conocido, y la búsqueda de independencia y de novedad. Esa lucha interna se irá dirimiendo tanto más positivamente cuanto más sólidos hayan podido ser los cimientos edificados en los años anteriores.

El diálogo y la comunicación son muy importantes. Debemos aprender a no tomar como algo personal algunas alteraciones de la conducta del adolescente. Es conveniente hacer hincapié en este punto, porque algunos padres interpretan la conducta de su hijo decididamente como una afrenta personal: «Pone esa música y esos carteles en la pared, y se viste de esa manera, para hacerme daño y para retarme». Generación tras generación podemos escuchar frases similares, y ver reacciones parecidas en los adolescentes. Convendría que nos detuviésemos a recordar también nuestra adolescencia, que, a veces, cuando se adopta la óptica de padre, suele olvidarse con mucha rapidez.

Y tampoco debemos olvidar que hacen falta dos para una pelea. Hay que valorar si una determinada música o estilo, por ejemplo, merece una amarga discusión con nuestro hijo que lo menos que puede producir es distanciamiento, y generar desconfianza, incomunicación y rechazo. ¿Qué es más importante, el póster o nuestro hijo? ¿Somos nosotros un ejemplo de tolerancia?

Supervisión y desarrollo del autocontrol

Hay que dar a los demás un papel agradable
para que lo representen bien.
JACINTO BENAVENTE

Los padres deben supervisar, atender y conocer algunos aspectos especialmente importantes de la vida del hijo:

- *Cuidado personal:* cuestiones relativas a su salud, alimentación, horarios, aseo, aspecto físico y vestimenta.
- *Amistades:* con qué personas se relaciona, cómo es su grupo de amigos.
- *Tiempo de ocio:* a qué lo dedica, qué aficiones tiene, qué cosas hace, adónde suele ir.
- *Estudio:* asistencia y comportamiento en clase, estudio en casa, resultados académicos.

Saber en qué emplea su tiempo libre y las actividades que realiza con sus amigos nos permite conocer sus intereses: las actividades que prefiere, los libros que suele leer, los deportes que practica, los vídeos y programas de televisión que le gustan, el uso que hace de Internet, los videojuegos favoritos, su grupo de amigos y las actividades que realizan.

Muchas de las actividades diarias las irá realizando progresivamente con más autonomía y bajo la supervisión inicial de los padres. Sobre algunos aspectos será preciso establecer límites claros desde el principio, que después habrá que ir revisando. Deben aprender, por ejemplo, a ocuparse del orden y la limpieza de su cuarto, y a respetar los espacios y pertenencias de los demás miembros, así como los espacios comunes que comparte la familia.

Si usted no delega actividades ni pone límites a su hijo cuando es pequeño, encontrará muchas dificultades para hacerlo cuando éste crezca. Si, como padre o madre, razona el porqué de los límites, consigue que su hijo interiorice las normas y el sentido de las mismas, y que realice con autonomía y responsabilidad las diversas actividades, probablemente no se verá en la necesidad de vigilar y controlar su cumplimiento.

El papel de los padres no puede ser el de «vigilantes». Debemos interesarnos y saber cosas de la vida de nuestros hijos: con quién van, adónde van, qué hacen. Seguirlos de cerca, pero sin agobiarles ni sonsacarles con interrogatorios.

El hecho de ser sus padres no nos da licencia para inmiscuirnos en su intimidad, revisar sus cajones, escuchar sus llamadas telefónicas, leer su diario, sus mensajes de móvil, su correo electrónico. Difícilmente podremos enseñarles a respetar la intimidad de los demás si no somos capaces de respetar la suya. Una cosa es la supervisión y otra muy diferente es actuar como detectives. Entre otras consecuencias, esta actitud de desconfianza puede dar lugar a suspicacias, distanciamiento, reserva y engaño. El hijo puede pagarnos con la misma desconfianza que ha recibido de nosotros.

El *autocontrol* no es sólo una cualidad deseable, sino necesaria. Unos padres que se ven obligados a supervisar a diario la agenda escolar de su hijo para ver si trae deberes, ver que no hay anotaciones u observaciones por parte del profesor, comprobar que los ha hecho... pueden además terminar agotados. Toda esa energía y esfuerzo puede dirigirse a potenciar el autocontrol. No es cuestión de dejarle libre y «que vea lo que tiene que hacer». Se trata de delegar, de poner en él la responsabilidad.

La dificultad que encuentran algunos padres para dar mayor autonomía a sus hijos puede tener su origen en una actitud excesivamente protectora, en un carácter demasiado exigente y perfeccionista. A veces la barrera principal es su propia desconfianza e inseguridad, o su elevada necesidad de control.

Algunos hijos, por su parte, rechazan también aceptar las responsabilidades, mostrando una actitud de inmadurez y excesiva dependencia, con temor a no ser capaces de responder adecuadamente a lo que se les pide, y con miedo a las consecuencias.

Unas pautas que se muestran eficaces son:

- Depositar nuestra confianza en él.
- Motivarle y apoyarle.
- Definir con claridad sus responsabilidades.
- Clarificar cómo se realizan las conductas de forma adecuada.
- Determinar los resultados que esperamos de él.
- Permitir un cierto margen de error en los mismos.
- Supervisarle puntualmente, realizando sólo los controles precisos.
- Reconocerle y felicitarle por sus progresos.

Podemos pedirles que ordenen su cuarto, organicen su tiempo y sus actividades, utilicen su agenda, estudien y hagan sus deberes. Pero es necesario enseñarles primero, explicarles cómo pueden realizarlo de un modo adecuado. No basta con decirle a nuestro hijo que puede hacerlo solo, que confiamos en él. Puede ser que desconozca cómo hacer las cosas. Tal vez necesite de una formación inicial, un tiempo previo de estar junto a él supervisándole y apoyándole. Es muy importante animarle y felicitarle por cada progreso que logre en la dirección deseada.

Una vez que pueda realizar las tareas con autonomía, nuestra intervención se verá reducida a realizar simplemente un seguimiento puntual.

Manejar las emociones

Algunos niños parecen dispuestos a rebelarse contra todo y contra todos. Están continuamente en guerra con ellos mismos y no parecen dispuestos a intentar buscar y firmar la paz con el mundo. Son niños que reniegan de lo que tienen, pero no saben lo que quieren realmente.

Lo que podría parecer propio de una determinada etapa de la vida, como es la adolescencia, parece extenderse a otras edades. Y cobra una intensidad tan desproporcionada que a menudo acaba convirtiéndose en agresividad contra los demás e incluso contra ellos mismos.

Las respuestas violentas y agresivas aparecen con frecuencia como respuestas de rabia ante situaciones frustrantes. Muchos niños no han sido educados para aceptar el «no». Sorprendentemente algunos parecen escuchar la palabra «no» casi por primera vez en boca del profesor. Se rebelan ante la posibilidad de no conseguir lo que quieren y cuando lo quieren. No soportan el fracaso.

El niño tiene que ir aprendiendo a controlar su genio, su rabia, su ira, su agresividad. El autocontrol emocional posibilitará su integración social. El escaso control sobre su propia conducta puede provocar el rechazo de los demás.

No se trata de poner una tapa en la «olla a presión» emocional. Lo que el niño debe aprender no es a negar, ocultar o rechazar sus emociones. Esto le sometería a una presión que en muchos casos llegaría a ser insoportable. Le convertiría en una especie de explosivo sin temporizador, capaz de estallar en cualquier momento. El objetivo es enseñarle a reconocer las emociones, a aceptarlas y a canalizarlas de un modo adecuado.

Las emociones están estrechamente vinculadas a los pensamientos. Éstos actúan como mediadores, como catalizadores, como disparadores de las respuestas emocionales. Parece más lógico y sencillo enseñar a regular los pensamientos que intentar dominar las emociones que desencadenan.

Podemos *enseñarles a pensar*:

- De un modo reflexivo.
- Con objetividad.
- Sin obsesionarse.
- En positivo.
- Buscando alternativas.
- Con creatividad.

Enseñar al niño a pensar le permitirá desarrollar su vida emocional más sana, más equilibrada.

¿Castigo físico?

La primera charla que tuve el privilegio de impartir, recién terminados los estudios de psicología, iba dirigida precisamente a padres. Versaba sobre la aplicación de los principios del aprendizaje a la educación de los hijos. Una de las cuestiones que desató la polémica de un modo especial fue la propuesta educativa basada en el reconocimiento, el elogio y la motivación, antes que en la crítica, el reproche y el castigo.

Cuando mencionaba las contraindicaciones del castigo, uno de los padres que asistía a la charla se mostró especialmente en desacuerdo. Se mantuvo a la escucha, ligeramente inclinado hacia atrás, con los brazos cruzados, y con la cabeza ladeada y girándola hacia ambos lados, en un gesto de negación y con cara de escepticismo. En determinado momento se decidió a intervenir para plantear que todo eso estaba muy bien en la teoría, pero que «un buen par de azotes y un castigo ejemplar eran —según su criterio— estrategias pedagógicas muy eficaces».

Educar requiere autoridad y comprensión. Precisa paciencia y constancia. Y también autocontrol. Si queremos educar a nuestro hijo a controlar sus emociones debemos empezar por aprender a controlarlas nosotros. Reprender con firmeza no es incompatible con hacerlo también con calma.

El bofetón no es sino una pérdida de control, un desahogo de los padres, una inadecuada expresión de su rabia o su impotencia, que les puede sumir en la culpabilidad y el remordimiento, y al hijo en la desazón y el desasosiego.

El castigo físico es humillante, degradante para el hijo. Genera frustración, miedo, indefensión y rebeldía. Es una acción que da legitimidad al uso de la violencia. Los hijos de aquellos padres que utilizan habitualmente el castigo físico se exceden igualmente en el empleo de la agresión física.

El castigo como último recurso

La sociedad dispone de mecanismos de castigo para aquellos comportamientos que considera rechazables y punibles, como las infracciones de tráfico, o los delitos contra la propiedad o las personas, por mencionar algunos ejemplos. El aislamiento y la privación de libertad, así como las sanciones económicas, son consecuencias habituales cuando se infringen las normas de convivencia que la sociedad establece. En último término, la propuesta va en la línea de la reeducación y la reinserción. Otra cuestión que merecería un análisis más extenso es en qué medida eso se logra realmente.

El castigo es una estrategia educativa bastante generalizada. La expectativa de recibir consecuencias negativas, o simplemente la amenaza de perder algún privilegio del que se goza, resultan ser poderosos elementos disuasorios que, lógicamente, actúan en la dirección del control de la conducta.

Se podrían plantear diversas cuestiones:

- ¿Puede el castigo poner de relieve que tal vez no se han puesto en práctica o no se han aplicado correctamente otras técnicas alternativas?
- ¿Es posible que tenga efectos secundarios negativos que pueden no haber sido tenidos en cuenta?
- ¿Basa su eficacia en el miedo o en la conformidad con el cumplimiento de las normas?
- ¿Puede contribuir al ocultamiento y la mentira, así como a distanciarse de la persona que ejerce el castigo?

- ¿Genera sentimientos de culpabilidad?
- ¿Consigue el castigo realmente reafirmar la autoridad de quien castiga?
- ¿Sirve realmente para enseñar algo?
- ¿Es posible que progresivamente llegue a perder su efecto y que finalmente sea necesario incrementarlo, elevando su intensidad y frecuencia, para que resulte eficaz?

La reflexión sobre las respuestas a estas preguntas nos puede aportar una visión más amplia sobre esta cuestión.

Condiciones del castigo eficaz

El castigo es un tema polémico. Debería ser barajado como un último recurso a aplicar cuando los demás ya han fracasado. Para evitar el castigo mañana, la alternativa que parece más razonable es *educar y prevenir* hoy. En todo caso, la aplicación del castigo debería realizarse teniendo en cuenta algunos criterios. Veamos diversas *condiciones* que pueden contribuir a incrementar su eficacia:

• El castigo debe ser considerado como algo *excepcional*, aplicado como último recurso, tras probar otras estrategias alternativas.

• Se trata de un hecho *puntual*, y no reiterativo. No tendría mucho sentido aplicar castigos de forma generalizada, sistemática y frecuente, o sobre cualquier tipo de conducta.

• Es conveniente y necesario que exista *acuerdo* entre ambos progenitores sobre la oportunidad y sentido del castigo.

• La conducta de los padres debería ser un *ejemplo* para el hijo. No parece adecuado castigar a un hijo porque diga tacos, palabrotas o insultos si éstos forman parte del vocabulario habitual de los padres. Tampoco es razonable castigarle por mentir cuando el hijo está viendo que sus propios padres utilizan excusas falsas, engañan, disfrazan o mienten abiertamente en determinadas circunstancias.

• Debería ser *avisado*, acordado previamente y comprensible. El niño tiene que saber que determinada conducta es inadecuada, por qué lo es y qué consecuencias se pueden derivan de la misma.

• Para ser eficaz, el castigo debe ser *inmediato*, aplicado en el momento, o lo más cerca posible en el tiempo, tras producirse la conducta inadecuada, de manera que el niño pueda asociar claramente la misma al resultado adverso. Demorar el castigo en el tiempo puede resultar contraproducente. Frases del tipo «verás cuando venga tu padre...» pueden dar lugar en el niño a largas horas llenas de culpabilidad, temor o resentimiento hacia la figura paterna, y de elucubraciones diversas dirigidas a la autojustificación o al miedo a unas consecuencias que a lo mejor finalmente no se producen.

• Debería ser aplicado con *serenidad*, y no como venganza, o acompañado de sentimientos de odio y rechazo personal. El castigo no debe fijarse o establecerse «en caliente». Aunque, como hemos comentado, debe aplicarse asociado a la conducta que se desea modificar. Si los padres consideran que pueden perder los papeles o decir algo que pueda complicar la situación, es preferible comentar que se hablará más tarde del tema.

• Debe ser considerado como *justo*, equilibrado, proporcional al daño que se ha ocasionado. Sería injusto castigar duramente una acción de poca importancia y pasar por alto una conducta grave. Antes de establecer el tipo de castigo, éste debe ser pensado de forma realista, de modo que consideremos que se puede aplicar, que es factible.

• Lógicamente, antes de castigar, deberíamos asegurarnos de que el niño *conoce* y sabe realizar correctamente la conducta alternativa, aquella que nosotros consideramos adecuada.

• Deberíamos haber dedicado esfuerzo previamente a *reforzar* o premiar la conducta adecuada en aquellas ocasiones en que se haya podido producir.

• El castigo debe ser *personalizado*, individualizado, adaptado a cada niño. El castigo colectivo difícilmente será justo. No enseña a responsabilizarse sobre la propia conducta y puede llegar a encubrir e incluso justificar el comportamiento inadecuado de algunos, amparados en una responsabilidad que se diluye.

• Debe haber una relación evidente de *causa-efecto* con la conducta que se pretende modificar. El niño tiene que percibir el castigo como una consecuencia manifiesta de una determinada conducta, no como algo inexplicable, o como fruto de un conjunto de causas que no quedan claramente determinadas.

• Sería deseable que existiese una *relación* clara entre la conducta que se castiga y el castigo que se impone. No debería utilizarse como castigo una conducta adecuada o que no esté relacionada con el comportamiento objeto de castigo. Cuando el niño ha actuado mal en otro contexto, no parece conveniente castigarle a realizar alguna acción positiva no relacionada, como por ejemplo ayudar en casa, poner la mesa o bajar la basura.

• El castigo debe *enseñar* algo, servir como ejemplo, no como una actividad degradante o humillante que no instruya o eduque. Cuando se castiga a copiar cien veces una frase, como se hacía en otros tiempos (y desafortunadamente en algunos casos se sigue haciendo), se está perdiendo la oportunidad de que se realice una conducta alternativa que enseñe, como podría ser, por ejemplo, escribir una redacción sobre el tema en cuestión.

• No debe humillar al niño, rebajarle o *herir* sus sentimientos y su autoestima. El hijo debe saber que lo que se está castigando es una conducta inadecuada, y no a él como persona. La conclusión a la que pueden llegar muchos niños es que, si merecen castigos tan severos y tan frecuentes, será porque deben ser muy «malos».

• Y finalmente, una vez acordado y establecido el castigo con arreglo a las normas que se han expuesto, debe *cumplirse.* Se debe llevar a efecto, dado que no se trata de una amenaza. Conviene olvidarse de esa inadecuada costumbre de repetir una y otra vez amagos y advertencias que luego no se cumplen, y que impiden que el niño sepa cuándo van en serio y cuándo no: «A la tercera...», «la próxima vez...». Ese tipo de amonestaciones reiteradas acaban considerándose como no creíbles.

En resumen, el castigo pierde su validez si se aplica de forma inconsistente. Sin embargo, cuando ha sido coherente, puntual, avisado, acordado, razonado, justo, inmediato y proporcionado, verá incrementada su eficacia. En el futuro, sólo la expectativa del mismo puede ser suficiente para disuadir de la realización de la conducta inadecuada.

Dicho lo anterior, deberíamos tener en cuenta, finalmente, que *resulta tan difícil y complejo actuar con justicia que la prudencia nos recomienda ser indulgentes.*

Una educación basada en el afecto, la responsabilidad, el autocontrol y la confianza puede hacer prácticamente innecesaria la aplicación de castigos.

Dar órdenes, reprender, regañar

Verba docent, exempla trahunt
(Las palabras enseñan, los ejemplos arrastran).
AFORISMO LATINO

Los niños aprenden a pensar, a sentir y a hacer las cosas, y generalmente lo hacen mucho más a partir de lo que ven y escuchan que por lo que se les dice o se les ordena que hagan. Las órdenes no suelen ser antecedentes adecuados si lo que queremos obtener son acciones y comportamientos adecuados. Una orden del tipo «Luis, recoge de una vez tu habitación» no parece compatible con la aplicación y obtención de refuerzos positivos. Las órdenes, en general, causan rechazo. Lo más probable es que la reacción de Luis sea la de hacerse el remolón, de modo que acabaría probablemente por no recoger finalmente su cuarto.

¿Qué tal suena una frase como la siguiente? «Por favor, Luis, ayúdame un momento y ordena tu cuarto mientras yo voy preparando la mesa para comer». Una petición de este tipo normalmente aumenta la probabilidad de que se produzca la conducta deseada. Tal y como está formulada, expresa con respeto una solicitud de ayuda, comunica de qué modo se puede prestar y transmite la idea de que se comparten las tareas.

Las reprimendas, reproches y regañinas son correctivos verbales que deben ajustarse a los criterios antedichos referidos al castigo. Conviene reprender con objetividad, energía y firmeza, pero también con la serenidad necesaria, sin exaltación ni autoritarismo. La reiteración de las reprimendas suele producir un efecto negativo, de rechazo por parte del niño, que entiende que se le está sermoneando: «Te lo vuelvo a repetir...», «ya te he dicho cien veces que...».

Una regañina puede resultar eficaz si se realiza puntualmente. Es preferible realizarla en privado y no delante de otras personas. La reprimenda en público puede resultar humillante para el niño, y muy especialmente si se realiza en presencia de sus amigos.

En el momento de aplicar la reprimenda, no debemos entrar en discusión con el niño, ni prestar atención a sus posibles réplicas cuando éstas no sean razonables.

El aislamiento y la retirada de atención

El *aislamiento* y la retirada de atención son elementos de castigo que pueden estar especialmente indicados, pero es necesario tener alguna precaución en su aplicación. En algunas ocasiones se aparta al niño de la compañía de los demás, comentándole que se le castiga a «pensar». Resulta paradójico que algún niño pueda llegar a la conclusión de que el hecho mismo de pensar pueda ser un castigo.

Si entendemos la compañía de los demás como algo agradable para el niño, mandarle un cierto tiempo a un rincón o a un lugar aislado de los demás supone la retirada de ese refuerzo. Para aplicar este «tiempo fuera» del refuerzo, podemos informar previamente al niño con alguna frase de advertencia. Si el comportamiento inadecuado continúa después del aviso, se le acompaña a una habitación o rincón aislado. Mientras nos dirigimos al lugar no debemos ir criticándole o regañándole por su conducta.

El lugar debe estar libre de cosas que puedan resultar atractivas o entretenerle, y lógicamente de cualquier peligro. Allí pasará aislado un cierto tiempo, pero la duración de esa privación o alejamiento no debe ser excesiva. Habitualmente se utiliza como criterio la edad del niño, estableciendo la duración del aislamiento en un minuto por cada año cumplido.

Capítulo VI
La comunicación en la familia

Educación es lo que la mayoría recibe,
muchos transmiten y pocos tienen.
KARL KRAUS

Estilos de comunicación y formas de relacionarse

Los padres pueden manifestar diferentes estilos en la forma de comunicarse con sus hijos. Se pueden mostrar pasivos, agresivos o asertivos. Vemos a continuación una descripción de cada uno de los estilos, con los principales rasgos personales diferenciales, las tendencias que muestran en cuanto a su forma de comunicar y comportarse, así como las consecuencias que se derivan de cada uno de ellos.

Estilo pasivo, sumiso o inhibido

Es característico de aquellos padres que se muestran incapaces de hacer valer sus deseos y sus opiniones frente al hijo. Muestran una actitud claramente defensiva y de autocontención. Se sienten inseguros en su papel y deciden callarse, aguantar, adaptarse y ceder a la más mínima presión por parte del hijo.

En ocasiones piensan que si anteponen sus criterios a los del hijo pueden traumatizarle o llegar a ser rechazados por éste.

Se guardan sus opiniones o, como mucho, llegan a expresarlas con timidez, con excesiva laxitud, sin decisión ni convicción, y con un tono de voz generalmente bajo.

A la hora de educar y de abordar las naturales diferencias de opinión en el seno de la familia, esta forma de comunicarse genera frustración, ansiedad, baja autoestima, así como sentimientos de culpa y autodesprecio en el padre. Éste vive un conflicto personal interior y se siente incapaz de controlar o dirigir la situación con arreglo a sus deseos.

Normalmente tiende al retraimiento, a protegerse, a evitar las discusiones, y acaba sometido al hijo, acatando los dictados de éste, que termina por hacer su voluntad y salirse con la suya. En algún caso puntual su inhibición se puede transformar en cólera, explotando cuando alguna pequeña gota termina de colmar el vaso, con el consiguiente sentimiento de culpabilidad.

Los hijos se pueden sentir superiores ante el comportamiento de sus padres, pero también culpables. Desearían ver una mayor autoconfianza en sus padres.

Estilo agresivo, dominante, impositivo

A diferencia del anterior, lejos de reservarse sus criterios, este tipo de padres intenta imponerlos a sus hijos sin tener en cuenta la opinión de éstos. El padre dominante sobrevalora y atiende casi en exclusiva sus propias opiniones, deseos y sentimientos, pero, a la vez, desoye, rechaza, desprecia o resta importancia a los de sus hijos. La balanza queda desequilibrada a su favor. Las decisiones se toman de forma unilateral.

Su discurso suele estar plagado de advertencias, amenazas, obligaciones. Se trata de mandatos y dictados que hay que cumplir y sobre los que no se plantea posibilidad de discusión. El planteamiento del contenido suele ser en negativo, sobre lo que no se debe hacer o decir. Pretende informar, sin intención alguna de argumentar o debatir sobre el tema en cuestión. El resultado es una especie de monólogo exigente y en ocasiones culpabilizador.

El estilo agresivo se manifiesta por la actitud desafiante, tensa, cargada de gestos de autoridad, amenaza e intimidación. Mientras se dan órdenes al hijo, se bate el puño cerrado arriba y abajo, con el dedo índice extendido en señal de advertencia.

El padre agresivo habla desde una posición de clara superioridad, con una acusada rigidez y con mensajes unidireccionales, cargados de subjetividad. Su forma de hablar se puede caracterizar por una cierta aceleración en lo que a velocidad del habla se refiere, y por un tono de voz elevado que intenta demostrar firmeza. A la menor contradicción pierde el control y no duda en ponerse a gritar mientras realiza movimientos expansivos. Puede incluso llegar a emplear la violencia física como arma de imposición de su autoridad.

Tal vez consiga un control inicial de sus hijos cuando éstos son pequeños, pero con toda probabilidad las discusiones y los conflictos serán frecuentes a medida que el hijo vaya creciendo. La rebeldía propia de la etapa de la adolescencia entrará en colisión con esta forma de educar.

El estilo agresivo generalmente causa rechazo en quien lo soporta. El hijo probablemente verá quebrantados una y otra vez sus derechos. No se sentirá aceptado ni respetado. Puede terminar por considerar que no debe tener suficiente valía como persona como para merecer ese respeto. Su autoestima se verá también afectada. Es fácil que el hijo se sienta humillado e invadido en ocasiones por el resentimiento.

Las reacciones ante este estilo pueden variar desde la ansiedad y el enfado hasta la cólera y la agresividad. Es evidente que estamos hablando de un estilo que infunde, sobre todo, temor y miedo. En muchos casos generará odio y fuertes deseos de venganza, que seguramente el hijo acabará manifestando de formas diversas.

Estilo asertivo, autoafirmativo, dialogante

La asertividad es la capacidad de defender activamente nuestros derechos sin violar los de los demás. El padre asertivo no se inhibe a la hora de manifestar sus opiniones, ni intenta imponer sus criterios de forma autoritaria, como ocurría en los dos estilos anteriores respectivamente.

La asertividad permite que todos expresen abierta y directamente sus ideas. Las ideas se defienden, las opiniones se razonan y las normas se argumentan, sin apelar al sometimiento ni provocar rechazo. Las opiniones y razones del hijo también son consideradas como importantes y legítimas, son escuchadas y tenidas en cuenta.

Es una comunicación que se construye con la intervención de las dos partes. Resulta especialmente útil para analizar juntos las cuestiones, prevenir conflictos futuros, negociar, resolver las dificultades, buscar alternativas, encontrar posibilidades.

El padre que utiliza un estilo asertivo no habla mascullando entre dientes ni necesita levantar la voz hasta llegar a gritar. Mantiene un diálogo coherente y claro, en el que predomina el necesario contacto visual, la adecuada fluidez del habla y la naturalidad de los movimientos. Estos elementos facilitan la continuidad de la interacción. Algunos gestos característicos que puede manifestar son la apertura de manos y brazos, que revela una mente dispuesta a escuchar, así como los gestos de aprobación y asentimiento.

La imagen del padre asertivo es la de una persona equilibrada, segura, satisfecha, relajada y tolerante. Una persona sociable que se respeta a sí misma y que sabe respetar y valorar también a los demás. Muestra un carácter activo, decidido, colaborador y optimista. Su liderazgo personal es propio de una persona que se siente dueña de sí misma, que sabe autocontrolarse.

Con el estilo asertivo los hijos aprenden que pueden dialogar con sus padres y expresarse libremente con el mismo respeto que reciben de ellos. La comunicación entre ambos es fluida. Escuchan con más interés la información que se les proporciona, que ya no es en forma de órdenes impuestas. Se sienten apreciados, valorados, escuchados, tenidos en cuenta y respetados. Participan en las decisiones en un ambiente de colaboración.

Probablemente una de las principales cualidades de este estilo es que es percibido por el hijo como justo. El liderazgo personal, la ecuanimidad y el sentido de la justicia legitiman al padre a la hora de educar, puesto que queda investido ante los hijos de la necesaria autoridad moral. Puede contar con el respeto de éstos.

Como consecuencias más habituales de este estilo de comunicación, podemos destacar que el hijo se sentirá respetado, apreciado y satisfecho consigo mismo. Su autoestima se verá fortalecida. Su estabilidad y equilibrio emocional se verán beneficiados.

El estilo asertivo contribuye a crear un clima relajado, armónico y muy positivo, que redunda en una mejora sensible y evidente tanto en las relaciones familiares como en las relaciones sociales en general.

Algunas expresiones habituales

A continuación se recogen algunas expresiones que pueden escucharse en la comunicación entre padres e hijos. El contenido de las mismas pone de relieve la importancia de lo que se dice y del modo en que se dice. Para ello se han recogido algunas frases, que se han clasificado —a partir de su contenido— en diferentes grupos.

No se añade ninguna otra información relativa, por ejemplo, al contexto o a otros aspectos relativos a la comunicación no verbal. Somos conscientes de que estas variables pueden afectar al sentido y significado de las frases. En cualquier caso no resulta difícil imaginar el contexto en el que pueden darse.

La mayoría de las expresiones hablan por sí mismas. Su contenido resulta en general bastante elocuente. De todos modos, algunas se acompañan de un breve comentario que pretende ilustrarlas o mover a la reflexión en alguna dirección precisa.

Si el lector se anima a leerlas en voz alta, e incluso a repetirlas variando la entonación, comprobará con facilidad el efecto que producen. El ejercicio merece la pena.

Expresiones de anticipación y expectativa negativa:

- «Vas a suspender». El enorme peso de la expectativa de fracaso en general termina en desmotivación, justo el efecto contrario al que se deseaba.
- «El día de mañana te convertirás en un fracasado». Una frase profética que suele quedar bien grabada y puede convertirse en una realidad.
- «Será mejor que lo dejes. De todos modos te va a salir

mal». Una expresión que resta valor al esfuerzo; que anula la idea de perseverar hasta lograr lo que se desea.

Expresiones emocionales de aversión:

- «¡Te odio!». Puede decirse tras un arrebato de rabia e impotencia en mitad de una discusión. O con un sentido más frío y calculador.
- «No te soporto».

Expresiones de amenaza o chantaje dirigidas a controlar la conducta:

- «Te voy a dejar de querer». Un chantaje que tiene un elevado coste a nivel emocional. Una amenaza de retirar el afecto si el hijo no es obediente y sumiso. Una expresión que anula la idea del amor incondicional hacia el hijo.
- «El día que me harte te vas a enterar».
- «Verás cuando venga tu padre/madre». Genera el miedo hacia el otro progenitor.
- «Pues como no me lo compres...». En este caso es el hijo el que intenta utilizar sus recursos para manejar la conducta de sus padres.
- «Te lo advierto por última vez. A la próxima...». Se puede repetir una y otra vez sin llegar a cumplir la amenaza, hasta que pierde su sentido inicial. La próxima vez ya ha pasado muchas veces y sin embargo parece que no llegará nunca.
- «Os vais a acordar de mí. Me pienso suicidar». Una amenaza muy delicada que merece ser comentada con más detenimiento.
- «Ándate con ojo y ten mucho cuidado conmigo».

Expresiones que desautorizan:

- «Tu padre-madre no te quiere».
- «Ese profesor te tiene manía». Desautorización del docente por parte del padre.
- «Todo esto es culpa tuya». Dirigida hacia el otro cónyuge.
- «A ver cómo lo arreglas tú, que eres tan listo».

Expresiones que exageran o sobreexigen:

- «Perfecto». Es difícil encontrar o hacer algo absolutamente perfecto.
- «Qué bien lo hace todo». Conviene indicar aquellos aspectos concretos que realiza especialmente bien.
- «Eres el mejor». Se puede utilizar con intención de dar ánimos, pero puede ser interpretado con un sentido excesivamente competitivo.

Expresiones que utilizan la generalización:

- «Nunca nos haces caso». Seguramente en muchas cosas sí que obedece, pero no nos mostramos dispuestos a reconocerlo.
- «No lo has hecho bien ni una sola vez». Puede que alguna vez lo haya hecho bien, o al menos haya intentado hacerlo mejor. ¿Se le hizo ver eso también entonces?
- «Todos los jóvenes sois iguales». Se le atribuyen toda una serie de características y cualidades colectivas que seguro que no le corresponden.
- «No dices más que mentiras». La frase es falsa en sí misma.
- «Siempre me regañas». El niño puede utilizar esta expresión para mostrar al adulto la presión a la que se encuentra

sometido. Posiblemente por una exigencia desproporcionada, una actitud excesivamente crítica o una falta de reconocimiento de algunos de sus esfuerzos.

• «No me entendéis en absoluto». Pueden no entender al hijo en esa situación concreta.

Expresiones de reproche y de culpabilidad:

• «Con lo que hemos hecho por ti». Deja al hijo hipotecado por todo lo que ha recibido. Probablemente no habrá forma de pagarlo, cualquier cosa que haga será insuficiente, de modo que puede seguir estando en deuda para el resto de su vida.

• «Sí, como aquella vez...». La frase puede incluir perfectamente un nuevo reproche sobre algún error que se cometió en el pasado.

• «Tú eres el único culpable». Atribución exclusiva de responsabilidad al cónyuge.

• «Yo no elegí venir al mundo».

• «No está mal... pero si te hubieses esforzado desde el principio». La supuesta alabanza inicial queda empañada con el reproche posterior.

• «¿Qué hemos hecho mal?». Los padres se atribuyen la culpa a sí mismos.

• «Mira tu hijo. Esto es lo que has conseguido. Le consientes demasiado. Le estás malcriando». Dirige la culpa hacia el cónyuge.

Expresiones que incluyen una valoración personal:

• «Eres un inútil». Normalmente se utiliza el verbo ser para calificar. La diferencia entre afirmar que «eres malo» y decir que «te estás portando mal» es evidente.

• «Esos amigotes tuyos no te convienen». Una frase despectiva que sentencia. Las opiniones manifestadas desde el respeto son más tenidas en cuenta.

• «Qué maleducado eres». El niño pensará que el problema debe residir en su forma de ser, con lo que no se verá estimulado a cambiar su conducta.

Expresiones que realizan inferencias o suposiciones:

• «Lo has hecho a propósito». La atribución de intencionalidad ante alguna conducta.

• «Lo que pretendes es hacerme daño».

Expresiones que incluyen una comparación:

• «Mira a tu hermana. Toma ejemplo de ella».

• «De tal palo, tal astilla».

• «Todos tus compañeros han aprobado».

• «Yo a tu edad…». Los hijos son muy sensibles a esta forma de trasladar su situación actual a un contexto probablemente muy diferente. La comparación puede resultar algo forzada, pero puede permitir transmitir una experiencia personal.

Expresiones de queja que manifiestan disgusto y descontento:

• «¡Estoy harto/a!». Generalmente se repite una y otra vez. Se quedan en un simple desahogo sin introducir propuestas para mejorar o resolver.

• «¡Tu habitación está hecha una pocilga!».

• «¡No pienso aguantar más!».

• «¡Te he dicho mil veces que…!».

• «¡Haz lo que te dé la gana!». Muestra la rendición ante la desesperación y la impotencia.

• «¿Pero te quieres estar quieto de una vez?». Podemos imaginar una posible respuesta en la mente del niño que se estará diciendo para sí mismo: «Pues no».

• «Qué le vamos a hacer». Muestra una actitud derrotista y de desesperanza.

Expresiones de ánimo y estímulo:

• «Confío en ti. Tú puedes hacerlo».
• «Creo que lo vas a conseguir».

Expresiones de rechazo y de negativa:

• «No me da la gana».
• «Tú no mandas».
• «No pienso hacerlo».
• «Te he dicho que no y es que no».

Expresiones de afecto, disposición positiva y aceptación incondicional:

• «Te quiero. / Te queremos».

• «¿Qué te ocurre?». A pesar de la buena intención que podemos atribuir a esta pregunta, debemos tener en cuenta que hay ocasiones en que a los hijos les puede resultar difícil verbalizar tanto los motivos por los que se encuentran así como el propio estado de ánimo.

• «Puedes contar con nosotros».
• «¿Qué te parecería si…?».

Expresiones de cortesía, que muestran educación:

- «Muchas gracias».
- «Por favor».
- «Perdóname. Lo siento».

Expresiones autoritarias:

- «Porque lo digo yo, y punto». Según está formulada, parece ser que no son necesarios más argumentos.
- «Aquí mando yo». En caso de ser así, probablemente no sería necesario tener que ponerlo de manifiesto.
- «Pues pégale tú también a él». Más allá del derecho a defendernos, plantea una especie de legitimación del uso de la fuerza que ampara la aplicación del ojo por ojo y diente por diente.
- «La letra con sangre entra». Afortunadamente la expresión prácticamente ya no se utiliza. Lástima que algunas actitudes y conductas todavía sintonicen con el estilo educativo que representa.
- «Ponte a estudiar de una vez». Una frase bastante desafortunada en lo que a motivación para el estudio se refiere.

Expresiones ambiguas o no sinceras:

- «Mañana vamos». Y mañana parece no llegar nunca.
- «Puede ser». Expresa la posibilidad, pero no da garantías, elude el compromiso.
- «Luego juego contigo». Cuando se dice sin verdadera disposición de hacerlo. Es mejor concretar más para no tener al hijo en una expectativa continua.

• «Vaya, menos mal que al menos hoy sí pareces dispuesto a estudiar algo». En apariencia valora la disposición del hijo a estudiar, pero no es un reconocimiento sincero. Es una frase que, en el trasfondo y con cierta ironía, incluye un reproche.

Una comunicación eficaz para educar

Las muchas promesas disminuyen la confianza.
QUINTO HORACIO FLACO

La comunicación es la herramienta básica que posibilita las relaciones humanas. El establecimiento de una comunicación eficaz en el entorno familiar determina la calidad de las relaciones y contribuye a crear un entorno educativo en el que los hijos pueden desarrollar una personalidad equilibrada. La estabilidad emocional del hijo y el adecuado desarrollo de su autoestima están estrechamente vinculados a la forma en que interaccionan y se comunican los miembros de la familia entre sí.

Si es necesario cuidar el lenguaje en las relaciones humanas en general, tanto más necesario resulta hacerlo en una función tan crítica como la de educar a los hijos.

Para posibilitar una educación más eficaz y optimizar las relaciones familiares, debemos cuidar la forma en que nos comunicamos.

El lenguaje eficaz de la educación:

• Utiliza *mensajes claros y unívocos,* con lo que evita la ambigüedad, los malentendidos y la confusión.

• Resulta *comprensible y fácil de entender.* Utiliza expresiones que se adaptan a la capacidad de comprensión del niño.

• Establece un *diálogo auténtico, bidireccional*, en el que tiene en cuenta a las dos partes. Intenta no sermonear con monólogos que, a la larga, terminan por no ser escuchados.

• Está basado esencialmente en *la aprobación, el elogio y la alabanza*. Elude la crítica, el reproche y la recriminación constantes.

• Se marca como objetivo *premiar y recompensar*, sin utilizar las amenazas y el recurso de la palabra como elemento de castigo.

• Parte de una *escucha activa* real, en la que se atiende al hijo sin interrumpirle, y se tiene en cuenta su punto de vista, sus opiniones, sus argumentos.

• Es un lenguaje esencialmente *afirmativo*, que limita el uso de frases y expresiones negativas.

• Intenta *explicar, formar, informar e ilustrar*. No recurre al silencio o a la omisión. Presenta la información de una manera clara y precisa.

• Procura *pedir o solicitar*. Evita el uso de expresiones imperativas y autoritarias, en forma de órdenes, mandatos o imposiciones.

• Es un lenguaje *argumentado, razonado y convincente*. No plantea las cosas porque sí, sin aclarar los motivos.

• Es *consecuente y sistemático*, de modo que mantiene y cumple la palabra dada. No es errático, arbitrario o incongruente.

• Es un lenguaje *directo*. Evita las indirectas, o que la información llegue por otras vías o a través de terceros.

• Su contenido es *coherente con la propia conducta*. No cae en la contradicción y en la incoherencia.

• Presenta *mensajes positivos y optimistas*. Reduce en lo posible el pesimismo y el componente negativo y derrotista.

• Manifiesta *firmeza, seguridad y exigencia* con arreglo a las posibilidades y capacidades reales del niño. No es un lenguaje laxo, blando, dubitativo o que denote inseguridad.

• *Dirige, orienta, guía y marca pautas* de actuación claras, evitando confundir o desorientar.

• Es un lenguaje *asertivo y autoafirmativo.* A la vez que no se reserva sus opiniones, evita imponerlas de forma despótica y autoritaria, de forma coercitiva o agresiva. Afirma las opiniones propias a la vez que evita provocar rechazo respecto a las mismas.

• Muestra *flexibilidad y tolerancia,* sin utilizar expresiones que pongan de manifiesto una actitud rígida, estricta e inflexible.

• Se transmite con *tranquilidad, moderación y serenidad.* No es un lenguaje alterado o impulsivo. Demuestra autocontrol al evitar la exaltación, los gritos y las respuestas y reacciones viscerales.

• Es un lenguaje *constructivo,* que resulta útil. El contenido del mensaje no se utiliza para devastar o destruir al interlocutor, ni tiene por objeto demoler las razones del hijo. Se dirige más bien a comprenderlas y a encontrar puntos en común, sobre los que llegar a acuerdos. Más que centrarse en los problemas o en lo que está mal, intenta buscar aquellos elementos sobre los que se puede construir.

• Busca, sugiere y propone *alternativas,* sin forzar o presionar en una única dirección obligatoria.

• Transmite *expectativas positivas* y confianza, tanto en el cumplimiento de los compromisos como en las capacidades y posibilidades de logro del hijo. Evita anticipar, poner de manifiesto o dar por hecho que se va a producir la desobediencia.

• Se basa en *el respeto y la consideración.* Utiliza expresiones respetuosas con el hijo. Cuida de un modo especial no insultar, herir, ofender o degradar.

• *Advierte, previene, reprende y amonesta* en aquellas ocasiones en las que resulta necesario hacerlo. Informa de aquellos aspectos que deben ser tenidos en cuenta, tanto para impulsarlos como para evitarlos. Advierte de forma positiva y razonable sobre posibles riesgos. Cuando debe reprender, lo hace sin ridiculizar, humillar o avergonzar al hijo.

• Tiene como objetivo *ayudar, facilitar y favorecer.* Evita en lo posible dificultar, limitar, obstaculizar o frenar.

• Es un lenguaje cargado de *motivación, que estimula, implica, impulsa y anima.*

• Se centra más en *describir* la conducta, los comportamientos o los hechos, que en valorar o calificar al hijo.

• Intenta ser *objetivo.* Procura limitar el lenguaje subjetivo y, cuando lo utiliza, hace ver que se trata de impresiones u opiniones personales.

• Pretende ser *justo, ecuánime, imparcial y neutral.*

• En la medida de lo posible debe apoyarse en *la reflexión, la preparación y la ponderación.* No es un lenguaje impulsivo, precipitado, que se improvisa y se expresa según el momento. Parte de la reflexión previa, y tiene en cuenta las posibles consecuencias de lo que se va a decir.

• Es *sincero y honesto.* La educación es incompatible con la falsedad, la mentira y el engaño.

• Se basa en la *confianza mutua.* Las relaciones óptimas en el entorno familiar son relaciones de confianza. La comunicación y el diálogo deben contribuir a disolver posibles suspicacias, recelos, miedos y temores.

• Es un lenguaje que *transmite responsabilidad, comprende, perdona y disculpa.* Los padres pueden decantarse por culpabilizar, censurar y condenar al hijo, o mostrarse prudentes y comprensivos, sabiendo disculpar cuando es necesario. La indulgencia es parte del

LA UTILIZACIÓN DEL LENGUAJE EN LA EDUCACIÓN

ADECUADO	INADECUADO
Utiliza mensajes claros	Emplea mensajes ambiguos
Comprensible, fácil de entender	Incomprensible, difícil de entender
Bidireccional, dialogante	Unidireccional. Monólogo, sermón
Alaba, elogia, aprueba	Critica, recrimina, reprocha
Basado en el premio, la recompensa	Basado en el castigo, la amenaza
Parte de la escucha activa	Interrumpe, no escucha
Utiliza frases afirmativas	Emplea frases negativas
Explica, forma, informa, ilustra	Calla, omite, no explica, no aclara
Solicita, pide	Exige, ordena, manda, impone
Argumentado, razonado, convincente	Sin razones, sin argumentos
Consecuente, sistemático	Arbitrario, errático, incongruente
Emplea un lenguaje directo	Utiliza las indirectas
Coherente con la propia conducta	Incoherente, contradictorio
Positivo, optimista	Negativo, pesimista, derrotista
Firme, seguro, exigente	Blando, dubitativo, inseguro
Dirige, orienta, guía, marca pautas	Confunde, desorienta
Asertivo, autoafirmativo	Agresivo, despótico, coercitivo
Flexible, tolerante	Rígido, inflexible, estricto
Tranquilo, moderado, sereno	Exaltado, alterado, a gritos
Constructivo	Destructivo
Sugiere, propone alternativas	Fuerza, presiona, obliga en una dirección
Transmite expectativa de cumplimiento	Transmite expectativa de desobediencia
Basado en el respeto, la consideración	Insulta, ofende, hiere, degrada
Advierte, previene, reprende, amonesta	Ridiculiza, avergüenza, humilla
Ayuda, facilita, favorece	Dificulta, limita, obstaculiza, frena
Motiva, estimula, implica, impulsa, anima	Desmotiva, inhibe, desanima
Describe la conducta	Valora y califica a la persona
Objetivo	Subjetivo
Justo, ecuánime, imparcial, neutral	Injusto, parcial
Reflexionado, preparado, ponderado	Impulsivo, improvisado, precipitado
Sincero, honesto	Falso, miente, engaña
Basado en la confianza mutua	Desconfianza, suspicacia, recelo
Responsabiliza, comprende, perdona, disculpa	Culpa, censura, condena
Individualiza	Generaliza
Personaliza	Compara
Muestra aprecio, aceptación	Manifiesta rechazo, desprecio
Discreto, privado	Público, divulgado
Educa, instruye, enseña	Riñe, increpa, protesta

lenguaje de la autoridad bien entendida. Es preferible propiciar una asunción positiva de responsabilidad que transmitir sentimientos de culpabilidad y de autodesprecio por los posibles errores.

• Tiende a *individualizar*, a tratar cada caso, cada situación y cada hijo como únicos. Es conveniente evitar las generalizaciones, con las que se tiende a abordar de manera general cualquier asunto. En otras ocasiones, las conductas que se han producido en un determinado momento y sobre un tema concreto se extienden a otros diferentes. Ni todos los jóvenes son iguales, ni se puede valorar del mismo modo la conducta de un niño en circunstancias diferentes.

• Se centra en la persona. Es un lenguaje que *personaliza*, que evita las comparaciones.

• Muestra *aprecio y aceptación.* Evita cualquier manifestación de rechazo y desprecio hacia el niño.

• Es *discreto, respeta la privacidad.* Algunos padres, antes que tratar los temas en privado, y personalmente con el hijo, divulgan y hacen públicos aspectos que atañen a éste. Vulneran así su intimidad y contribuyen a que, desde el exterior, se les pueda «etiquetar» en un determinado sentido (generalmente negativo), con la consiguiente dificultad posterior para cambiar esa imagen.

• Se dirige a lo que es realmente su objetivo principal: *educar, instruir y enseñar.* Esta tarea resulta casi imposible si se increpa constantemente al niño, se le riñe de forma continuada, o se busca simplemente el desahogo, manifestando quejas incesantes sobre su forma de comportarse.

Explicar, enseñar, razonar

Los niños van construyendo la realidad a través de lo que observan, de lo que se les cuenta y de cómo se les explica. Cuando se les dan razones, se les exponen y aclaran las cosas y se argumentan los porqués, el mundo cobra sentido y coherencia. La realidad para ellos no es similar a la que percibimos los adultos, sino la que han ido conformando en su mente a partir de su experiencia.

Los niños desconocen muchas cosas, y otras no se las explican. El mundo, tal y como lo tenemos organizado, les resulta en muchas ocasiones sorprendente e inexplicable.

Un niño que siente adoración por la perrita que tiene como mascota, pero ve con preocupación que sangra de una manera inexplicable y que los adultos, sin darle explicación alguna, no le dan importancia a ese suceso, no alcanza a entender lo que está ocurriendo. El hecho de que la perrita pueda estar con el periodo, algo que para un adulto es fácilmente comprensible, puede resultar traumático para un niño que no entiende la dejadez de los adultos ante lo que para él, según lo que ha podido aprender y observar, es una señal de alarma evidente: la presencia de sangre. ¿Por qué mis padres no se preocupan si mi perrita está enferma?, ¿cómo pueden estar tan tranquilos?, ¿acaso no la quieren?, ¿cómo pueden no darse cuenta de lo que estoy pasando? Lo importante no es que a nosotros no nos preocupe, sino que al niño sí le preocupa.

Lógicamente será necesario ajustar la forma de explicar las cosas a la edad del niño, pero buscando siempre la mayor sinceridad posible. La explicación debe adaptarse al lenguaje y al nivel de comprensión de cada niño, pero en cualquier caso se trata de ofrecer la verdad. Es necesario razonar las cosas, argumentarlas, ofrecer una explicación razonable que no se venga abajo a la primera de cambio. El silencio por respuesta, el «porque sí» o la mentira tienen un alto coste.

Los hijos suelen hacer muchas preguntas para intentar entender la realidad y aclarar todo un mar de dudas. Los padres no tienen por qué tener necesariamente las respuestas a todas las preguntas que les formulan. A veces, las preguntas pueden resultar comprometidas.

No parece razonable evadir las respuestas, quedarse callado o responder con una mentira. Los niños son muy sensibles a las mentiras. Tampoco resulta conveniente hablarles como si lo supiéramos todo. En ese caso podemos aprovechar la ocasión para encontrar y descubrir juntos esas respuestas.

Debemos decidir la conveniencia de las respuestas, ponerles ejemplos sencillos que puedan entender o hacerles ver que aún son pequeños para comprender algunas cuestiones. Conviene ser sinceros a la hora de responderles.

El niño que miente

La mentira en el niño puede ser un hecho puntual, una conducta frecuente o incluso puede llegar a convertirse en una patología. La ocultación y la falsedad pueden poner de relieve en muchos casos el miedo a las consecuencias, la desconfianza o un cierto distanciamiento de los padres.

¿Puede ser la mentira la consecuencia de una educación excesivamente autoritaria por parte de los padres? ¿O de unas reglas o normas establecidas con criterios desproporcionados o demasiado exigentes? ¿Se utiliza como recurso para evitar una consecuencia desagradable, un castigo, una situación embarazosa, vergonzante o humillante? ¿Es fruto simplemente de la imaginación desbordante del niño?

Si analizamos qué puede llevar al niño a expresar lo contrario de lo que sabe, cree o piensa, veremos que las causas son múltiples. Puede que distorsione la realidad para obtener un provecho propio, pero también puede hacerlo sin una finalidad aparente. La etiología de la mentira nos muestra que los motivos que pueden llevarle a mentir, fingir, aparentar u ocultar son muy diversos:

- Los primeros años de la vida del niño son una etapa que se caracteriza por una gran exuberancia mental y emocional. El niño no es aún capaz de discriminar correctamente a causa de su todavía escasa experiencia de interacción con el mundo, por lo que en muchos casos altera o inventa la realidad.
- En ocasiones puede tratarse tan sólo de un juego inocente que le permite ejercitar su desbordante imaginación y su poderosa fantasía, y que le lleva a inventar historias y a contar aventuras imaginarias. Se convierte en una forma de expresar y de poner a prueba su capacidad creativa.
- Los hijos experimentan a veces una gran ansiedad ante las exigencias y demandas que encuentran en su entorno (reglas, normas, imposiciones). Abrumados por las mismas, pueden también intentar zafarse de ellas como válvula de escape para reducir la fuerte presión que experimentan. Y, en su deseo de no contrariar o perder el beneplácito de sus padres, utilizan la mentira para evitar el enfrentamiento con éstos o su rechazo.
- El niño puede utilizar también el engaño como estrategia para eludir un castigo o una situación que puede resultarle desagradable. En caso de conseguir su propósito, lo más probable es que siga mintiendo en el futuro, cuando se encuentre ante situaciones similares.
- A veces el niño tan sólo pretende conseguir algún beneficio o captar la atención y el afecto de sus padres. Puede intentar satisfacer sus necesidades afectivas simulando, por ejemplo, una enfermedad. Al trasladar su carencia emocional al plano

físico consigue que sus padres le presten más atención, recibiendo cuidados y atenciones especiales.

• La mentira puede, además, ayudarle a salvaguardar su autoestima y mitigar los sentimientos negativos derivados de algunas situaciones de fracaso, o de aquellas en las que se siente inseguro. Es posible que le permita compensar un cierto sentimiento de inferioridad ante los padres, que en algunos casos simplemente es fruto de la dilatada dependencia que tiene de ellos.

• Cuando experimenta sentimientos de injusticia o maltrato, tanto reales como imaginados, puede utilizar la mentira como una forma de vengarse ante los adultos. El engaño se convierte en el arma que emplea en su venganza para perjudicar a los adultos.

• En ocasiones la mentira es una consecuencia natural de la imitación de un comportamiento adulto. Tal vez haya podido observar cómo los adultos se mienten entre ellos. A veces comprueba que es a él a quien han engañado sus padres, incumpliendo por ejemplo alguna promesa. En otros casos son los propios padres los que, casi sin ser conscientes de esa circunstancia, le pueden solicitar expresamente que oculte o falsee la realidad: «Tú no le digas nada a mamá».

Es preciso analizar serenamente las causas de la mentira y comprender los motivos reales que ha podido tener el niño para utilizarla. Debemos entender la mentira como un síntoma. Los padres podemos prevenir en gran medida estas situaciones, e intervenir ante ellas.

Cómo actuar ante la mentira

De entrada, podemos afirmar que la mentira no debe ser castigada y reprendida con excesiva severidad. El castigo se ha mostrado como una estrategia escasamente eficaz en el tratamiento de la mentira. A veces produce incluso el efecto contrario. El niño se ocupa incluso de buscar nuevas técnicas de ocultamiento más perfeccionadas.

Cuando se descubre a un hijo en una mentira no debemos sobredimensionar el valor negativo de lo sucedido, ni reaccionar con respuestas emocionales exageradas, haciendo un drama de la situación.

Debemos posibilitar y favorecer el acto de confesar la mentira. Cuando se produce es conveniente reconocerlo y valorarlo positivamente.

Nuestro hijo debe conocer el valor de la verdad. Tiene que saber que mentir deteriora la confianza. Y debemos mostrarle claramente la expectativa positiva que tenemos respecto a él en lo que a sinceridad se refiere.

Podemos enseñarle que, aun cuando las consecuencias puedan ser adversas, afrontar la realidad es mejor que eludirla y verse después obligado a mentir. Hay que restar importancia a los errores y convertir los fracasos en experiencias de aprendizaje.

Para prevenir que pueda aparecer la conducta mentirosa, podemos crear un ambiente adecuado de modo que nuestro hijo no se vea en la necesidad de utilizarlas. Los padres debemos saber crear un clima de confianza mutua, ganándonos la franqueza y lealtad de nuestros hijos mediante el diálogo, la receptividad y el respeto. Sin someterle a exigencias desproporcionadas. Sin amenazarle o atemorizarle con las posibles consecuencias de equivocarse.

Para que se extinga o no se consolide el hábito de mentir, tenemos que asegurarnos de que en ningún caso el niño obtenga beneficio alguno con la mentira, ni pueda eludir algún perjuicio o consecuencia negativa gracias a la misma.

Debe encontrar en nosotros un modelo y un ejemplo de sinceridad. Para ello conviene que analicemos en qué medida somos sinceros con él. Observar si nosotros mismos nos ajustamos a la verdad con nuestro comportamiento cotidiano y con nuestras palabras. Debemos comprobar si nuestra ocasional o puntual falta de sinceridad puede haber sido inofensiva y justificada, o si es claramente perjudicial y podría ser censurable.

El lenguaje de los adultos puede resultar confuso para los niños. Algunos recursos retóricos o lingüísticos que utilizan aquéllos introducen una interpretación subjetiva. A veces se habla en un sentido figurado o metafórico, o con intención de bromear. Desde la comprensión más simple, concreta y sencilla de los niños, este tipo de mensajes podría entenderse como una deformación deliberada de la realidad. A la hora de realizar descripciones de situaciones o acontecimientos reales debemos cuidar la corrección y la precisión en nuestro vocabulario. De este modo conseguimos que sea más fácil distinguir, por ejemplo, entre lo que es real y lo que es fantasía.

Afirmar que la mentira es justificable en los adultos y no lo es en el caso de los niños carece de sentido. Se trata de una argumentación frágil, muy difícil de sostener. No la podremos hacer valer ante ellos. Una mentira será calificada como tal, tanto para los niños como para los adultos. No podemos caer en el error de intentar emplear un doble rasero para medirlas.

Cuando nos encontremos ante un caso de mentira patológica en el niño, habrá que abordarlo desde una intervención especial. Será necesario realizar una valoración de la personalidad del niño, de su vida emocional, del entorno familiar. Habrá que analizar la posible presencia de ansiedad, miedo, inseguridad, rechazo... y estudiar con precisión las posibles causas que originan dicha conducta.

Para reducir el comportamiento mentiroso es necesario avanzar en la dirección del logro de una mayor estabilidad emocional del hijo. Para ello probablemente será preciso introducir algunas mejoras en las relaciones dentro del núcleo familiar y también algunos cambios en las actitudes y comportamientos de los padres.

Capítulo VII
La gestión de conflictos

No les evitéis a vuestros hijos las dificultades de la vida; enseñadles más bien a superarlas.
LOUIS PASTEUR

Discusiones y peleas

Las diferencias de opinión y los conflictos de intereses parecen consustanciales a las relaciones humanas. En el ámbito familiar, los conflictos, discusiones o problemas pueden surgir:

- *Entre los progenitores:* por ejemplo, las discrepancias sobre la forma de educar, una mala relación entre ambos, la búsqueda de la alianza de alguno de ellos con uno o varios hijos enfrentándolos contra el otro progenitor.
- *Entre padres e hijos:* por ejemplo, cuando el hijo no cumple las normas establecidas o su comportamiento no responde a las expectativas de los padres.
- *Entre los hermanos:* por ejemplo, aquellas discusiones motivadas por los celos, el rechazo hacia alguno de los hermanos, los conflictos de intereses.
- *Con personas externas a la familia:* por ejemplo, con otros padres, con los amigos de los hijos, con los profesores.

Las peleas entre hermanos deben ser tratadas adecuadamente. En ocasiones, los niños arman bulla y comienzan una discusión con el único objetivo de captar la atención de los padres. En esos casos puede resultar útil simplemente limitarse a ignorar el alboroto.

Lo que no parece razonable es hacer un drama de una simple discusión entre hermanos. A veces los padres reaccionan interviniendo rápidamente, convirtiéndose en una especie de «vigilantes salvadores» que salen a la carrera al primer indicio de discusión.

Lo que los hijos sí deben tener muy claro es que tienen que aprender a resolver sus conflictos sin llegar a las manos. Discutir no es lo mismo que pegarse. Hay que darles la oportunidad de que aprendan a resolver sus diferencias por ellos mismos.

Se les puede proponer que participen en el establecimiento de normas referidas al tema de las peleas. Probablemente, ese código elaborado por ellos mismos incluirá finalmente reglas tan básicas como no gritar, no insultarse o no pegar.

La salud de la convivencia familiar depende en gran medida de la capacidad de sus miembros para gestionar y resolver adecuadamente los problemas y conflictos que surgen. Debemos aprender y enseñar a los hijos a afrontar los problemas de manera eficaz.

El paradigma ganar-ganar ha sustituido al clásico ganar-perder. Hay que intentar plantear soluciones que satisfagan las expectativas de las partes en conflicto, de modo que nadie se sienta perdedor.

La convivencia exige aceptar al otro, escuchar, intentar entender y respetar su punto de vista, y saber ceder en determinadas ocasiones. Los niños deben aprender a resolver conflictos de forma positiva. Aprenden de los adultos con enorme facilidad, observando cómo resuelven sus diferencias, cómo se manejan en las discusiones, cómo dialogan entre sí, cómo buscan soluciones. Tienden a imitar los gritos, los insultos o la imposición si los observan en los adultos. Y pueden aprender igualmente de ellos a dialogar, a respetar y a negociar. Muchas veces, antes de enseñar a los hijos, debemos aprender nosotros y, sobre todo, aplicar lo aprendido.

El aprendizaje de estrategias positivas para resolver conflictos precisa de la adquisición de determinadas aptitudes y actitudes. Los hijos pueden aprender a:

- Entender el conflicto y las diferencias de opinión como algo natural y positivo.
- Comprender que su libertad no puede entrar en colisión con los derechos de los demás.
- Dialogar, escuchar sin interrumpir.
- Interesarse por los demás.
- Entender el punto de vista y las necesidades y motivos del otro.
- Aceptar la crítica, y realizarla de forma adecuada.
- Hacer valer sus razones con objetividad.
- Exponer sus argumentos con serenidad.
- Razonar sin intentar imponer.
- Tener una actitud de cooperación en la búsqueda de soluciones.
- Tener la mente abierta.
- Saber ceder.
- Ser creativos en la búsqueda de soluciones.
- Admitir la posibilidad de que podemos estar equivocados.
- Buscar un resultado positivo que satisfaga a ambas partes.

Los conflictos y las discusiones con nuestros hijos no deberían derivar en una especie de competición para ver quién gana. Hay que poner el énfasis en que lo importante no es demostrar quién lleva la razón. De lo que se trata es de encontrar juntos lo que es más correcto o adecuado.

Prevenir el conflicto

Si hay un consejo básico y eficaz en estas páginas, ése puede ser el siguiente: prevención, prevención, prevención.

La mayoría de las conductas problemáticas, discusiones y conflictos con los hijos se habrían podido evitar si desde el principio sabemos lo que queremos, aplicamos criterios adecuados, les informamos previamente con claridad, los hacemos cumplir y somos coherentes y persistentes en su aplicación.

Algunos ejemplos:

- Si le vamos a comprar una videoconsola, antes de que empiece a utilizarla podemos informarle de las condiciones en las que podrá hacerlo, en cuanto a horarios, tiempo de juego. Una vez que haya empezado a jugar con ella, será más difícil. Hacerlo desde un principio sienta las bases para la conducta futura.
- Si no estamos dispuestos a consentir que se acueste en nuestra cama, debemos actuar en consecuencia, dándolo por hecho desde el principio. En caso de que nos lo sugiera debemos hacerle saber que no es adecuado. No podemos permitir que haya excepciones que sienten un precedente, salvo por alguna circunstancia verdaderamente excepcional. Después podríamos encontrar dificultades las siguientes veces que quisiéramos hacer valer nuestra negativa.

• Si queremos que adquiera buenos hábitos de estudio, inculquémoslos desde que son pequeños. Puede dedicar todos los días un cierto tiempo para hacer algunas tareas de aprendizaje adecuadas a su edad: lectura, caligrafía, escritura, cuentas, dibujos, etc. Esto le permite establecer una rutina y consolidar un hábito que luego sería mucho más difícil de introducir.

• Si vamos a llevarle al dentista o a que le pongan una vacuna, no podemos mentirle u ocultárselo, intentando llevarle con engaños, ni meterlo en una encerrona. Perderíamos una confianza muy valiosa. En el futuro no podríamos esperar sino problemas cuando lleguen situaciones similares. Se lo podemos decir con naturalidad y explicarle de un modo sencillo y claro en qué puede consistir. Cuando nos haya tocado acudir a nosotros al médico alguna vez con anterioridad, podemos aprovechar esas ocasiones previas para contarle nuestra experiencia, sobre todo sin dramatismo y haciendo mucho hincapié en los beneficios que hemos obtenido de ello.

Enseñar a resolver los problemas

Un niño educado sólo en la escuela es un niño sin educar.
GEORGE SANTAYANA

Algunos padres prefieren negar los problemas. Actúan como si no existieran y cierran los ojos en muchos casos ante la evidencia. O bien no se dan cuenta de la existencia del problema, o su mente ha decidido negarlo como mecanismo de defensa: «Mi hijo no tiene ningún retraso». Lógicamente no se puede avanzar hacia las soluciones, porque se da por hecho que no hay nada que resolver.

Otros padres pueden crear problemas que sólo están en su imaginación. Se sumergen en conflictos irreales y en problemas inexistentes. Su mente anticipa conflictos, lo que con frecuencia puede acabar generándolos. Sus propios pensamientos negativos contribuyen a alentarlos. Por ejemplo, aun en ausencia de síntomas evidentes, podrían anticipar e imaginar una posible dolencia o enfermedad en su hijo: «Mi hijo está muy delgado. Le pasa algo». Sufren e intentan aplicar soluciones sobre situaciones que no han ocurrido realmente: «Ya verás cómo no cumple con la hora que habíamos acordado y llega más tarde», «Seguro que me la está pegando con otro/a», «Puede tener un accidente en el parque de atracciones». Ante un problema irreal, cualquier solución que se adopte sería en principio equivocada.

Y otros padres se limitan a realizar un diagnóstico demasiado rápido y precipitado del problema. Se aventuran a llegar a conclusiones sin disponer de información suficiente. Hay muchas variables que pueden estar influyendo en la génesis de los problemas, aun cuando no parezcan directamente relacionadas con él. Es posible que los padres, ante la existencia de un problema, estén tan centrados y obcecados en «la parte» que no sean capaces de ver «el todo».

Para poder enseñar a los hijos a resolver los problemas, primero deben aprender a hacerlo y ponerlo en práctica los propios padres. Debemos enseñar a los hijos estrategias que les permitan hacer frente a las situaciones, contratiempos o conflictos que se presentan en la vida.

Un aprendizaje dirigido a afrontar y resolver los problemas adecuadamente debe contemplar y potenciar algunos puntos básicos:

• *Tener una actitud positiva* a la hora de abordar los problemas, evitando quedarse anclados en los aspectos negativos que rodean al conflicto sin avanzar en su análisis y resolución. Debemos enseñar a los hijos que las crisis nos presentan oportunidades de superación.

• *Evitar las reacciones emocionales*, la ansiedad o el miedo, por ejemplo, dificultan el proceso de análisis y búsqueda de soluciones. Debemos potenciar el autocontrol emocional. La respuesta fisiológica tiene un origen cognitivo. Nuestros pensamientos nos hacen sentir de determinada forma. El estrés o los nervios surgen, en muchos casos, de una anticipación negativa sobre el resultado y las posibles consecuencias, o de una valoración negativa acerca de nuestras capacidades.

• *Utilizar el diálogo*, aprovechando adecuadamente la comunicación como herramienta útil para recabar opiniones, dar y recibir información, compartir sentimientos, aunar posturas, encontrar alternativas.

• *Desarrollar la empatía*, entendida como la capacidad de ponerse en el lugar del otro, lo que nos permite entender su punto de vista, así como las razones y argumentos que le llevan a pensar de una determinada forma. Podemos avanzar en el proceso de solución de un conflicto si entendemos la forma de pensar y de sentir de la otra persona.

• *Mostrar asertividad*, evitando las posturas tanto de inhibición como de imposición. Hay que aprender a hacer valer nuestros derechos y deseos de forma adecuada, sin provocar rechazo en los demás y respetando también los suyos.

• *Contemplar los problemas con cierta perspectiva*, siendo capaces de imaginar la importancia relativa que tendrían en otro contexto o que tendrán en el futuro. Hay que intentar alejarse mentalmente de la situación problemática para poder analizarla con más objetividad.

• *Recabar información*, antes de llegar a conclusiones precipitadas. Muchos problemas pueden no ser tales, sino simplemente fruto de una información equivocada, o producto de la falta de información. También es conveniente evitar la parálisis por análisis, que equivale a perderse en el análisis de toda la información posible sin llegar a tomar finalmente la decisión.

• *Buscar las causas reales*, evitando la tendencia a echar las culpas exclusivamente sobre los demás, o a limitar excesivamente el número de causas o factores posibles. Esto podría reducir de forma significativa las posibilidades de éxito a la hora de analizar el origen del conflicto.

• *Generar una gran diversidad de soluciones alternativas posibles*, evitando cerrarse a una única solución rápida, aunque al principio y en apariencia pudiese parecer la única o la mejor. A la hora de generar soluciones resulta especialmente útil poner en funcionamiento el potencial creativo.

• *Estudiar y prever las posibles consecuencias*, especialmente antes de tomar una decisión y actuar de forma impulsiva.

• *Decidir la solución más adecuada* y estudiar cómo llevarla a efecto, los medios necesarios para alcanzar el fin deseado.

• *Pasar a la acción*. Debemos tomar una decisión e implementar la solución que se haya considerado más adecuada.

Los celos en el niño

Los celos están en la base de la rivalidad fraterna. Se manifiestan en los hijos como una respuesta emocional caracterizada por un sentimiento generalizado de envidia y resentimiento hacia otra persona que es considerada como rival. Habitualmente se dirigen hacia un hermano, aunque en otros casos también pueden surgir celos hacia uno de los progenitores respecto del otro.

La etiología de la conducta celosa deriva en diferentes manifestaciones:

- Celos del hermano mayor hacia el *nuevo hermano*, que recibe cuidados y atenciones especiales.
- Celos de un hermano menor hacia el *hermano mayor*, motivados por los privilegios y ventajas de que disfruta por razón de su edad.
- Celos del niño hacia *alguno de sus hermanos*, ante el que los padres manifiestan de forma solapada o abierta una especial preferencia o favoritismo.
- Celos del hijo hacia *uno de los progenitores*, originados por el fuerte vínculo de dependencia emocional que puede tener respecto del otro progenitor.
- Celos *inespecíficos y generalizados* en el niño, derivados de su inseguridad, su sentimiento de inferioridad, su sensación de ser rechazado y su inadaptación.

Cuando nace un nuevo hermano es normal que aparezca lo que podríamos denominar el síndrome del «príncipe destronado». Esto ocurre de forma muy especial en el caso del primogénito. La llegada del bebé a la casa no resulta un acontecimiento muy grato para el hermano. De algún modo se siente abandonado.

La pérdida del monopolio y de la exclusiva se acusa de modo más intenso cuando la diferencia de años con el nuevo hermano oscila en torno a los cinco. Quien ha sido protagonista indiscutible durante esos primeros años pierde su corona cuando nace su hermanito («ese intruso que acaba de llegar») y pasa a ocupar el trono.

El temor a perder el afecto de los padres está en la base de los celos. El amor posesivo y exclusivo que el niño desea de sus padres se ve amenazado por el nacimiento o la llegada —se puede presentar igualmente en el caso de una adopción— de otro hermano con el que debe compartir la atención, el cariño y el afecto de aquéllos.

La rivalidad con el hermano, conocida como el «complejo de Caín», tiene un marcado componente inconsciente. Mediante los celos el niño pretende defender y reforzar su propia autoestima y preservar aquello que considera que le pertenece.

El primogénito puede empezar a reclamar atención de diversas formas. Lo hace mediante rabietas, mostrando su terquedad, oposición y negativismo, retomando conductas infantiles o demostrando cambios de actitud y comportamiento que, en general, son temporales. Debe competir con su hermano por la atención de sus padres, y para «hacerse valer» en muchos casos el niño se vuelve «malo» de repente.

En los celos infantiles se manifiestan frecuentemente regresiones en la conducta, que suponen la adopción de actitudes y respuestas que se corresponderían con una etapa madurativa anterior. Es un mecanismo de defensa en el que se puede observar que el comportamiento del niño se vuelve más infantil.

Los retrocesos en la conducta y las regresiones más habituales se manifiestan de formas diferentes:

- Enuresis: emisión involuntaria de orina, preferentemente durante la noche, cuando está en la cama, y también por el día.

- Rabietas y manifestaciones de disgusto y enfado en forma de pataletas.
- Chuparse el dedo, morderse las uñas.
- Reaparición de un lenguaje más infantil del que corresponde a su edad.
- Posible pérdida de apetito.

Las regresiones suelen aparecer igualmente en otras situaciones, como en el caso de divorcio de los padres o ante la incorporación del niño a la guardería o al colegio. En ellas el niño experimenta también la angustia de la separación y la vivencia de la posible pérdida del afecto de los padres.

Otras manifestaciones que se pueden observar son los cambios de humor, la irritabilidad y la aparición de algunos comportamientos agresivos. Normalmente surgen como respuesta a su hostilidad latente, que en ocasiones termina por dirigir hacia sí mismo con sus conductas.

Hay muchos sentimientos que el niño no es capaz de controlar. Se siente obligado a querer a su hermano, por motivos sentimentales y familiares, y forzado a demostrar aprecio y afecto hacia él.

Por un lado se puede sentir incapaz de responder a las expectativas de sus padres, y por otro ve frustrados sus deseos. El comportamiento con su nuevo hermano puede volverse especialmente agresivo y hostil, o exageradamente afectuoso y protector. En ocasiones puede negarse a participar o compartir actividades con el hermano.

En general, se pueden entender estas reacciones como una respuesta normal. Los celos constituyen un elemento relativamente natural en las fases del desarrollo psicoafectivo del niño. Es un estadio que se suele superar normalmente y que supone también un aprendizaje y entrenamiento para moverse posteriormente en un entorno social en el que la competitividad y la rivalidad serán elementos que estarán presentes.

Sin embargo, si los celos son muy intensos y pasan a ser una característica o rasgo permanente de la personalidad del niño, deben ser considerados como un síntoma de posibles conflictos o problemas emocionales.

¿Qué hacer ante los celos?

No es razonable pensar que podemos evitar la aparición de los celos o que podemos hacerlos desaparecer con rapidez y por completo cuando se presentan. El objetivo es prevenir en la medida de lo posible la aparición intensa de los mismos y conseguir que, poco a poco, ese sentimiento de rivalidad se vaya disolviendo y reduciendo paulatinamente.

Algunas estrategias tienen un carácter preventivo. Con anterioridad al nacimiento del nuevo hermanito, conviene tratar adecuadamente esa cuestión con el niño. Podemos explicarle que, cuando llegue a casa el recién nacido, va a ser necesario prestarle mucha atención y dedicarle tiempo. Que habrá que darle el pecho, cambiarle los pañales, bañarle... Podemos anticiparle que, igual que a él se le proporcionaron las atenciones y los cuidados que necesitaba, el recién nacido los va a requerir igualmente. Y que contamos también con él para poder hacerlo. Se le puede comentar que según vaya creciendo podrán jugar y disfrutar juntos.

Para prevenir y evitar la aparición de rivalidad entre hermanos, también debemos evitar realizar comparaciones entre ellos, mostrar favoritismos o hacer demostraciones que pongan de relieve nuestra predilección por alguno de ellos.

Nuestro comportamiento con el hijo pequeño debe ser normal. Debemos dedicarle la atención que necesita y mostrarle afecto con naturalidad. Al hermano mayor no se le debe forzar a que haga continuas demostraciones de cuánto quiere a su hermanito.

Pero, a la vez, el niño mayor debe recibir igualmente muestras de afecto por nuestra parte, sentir que le queremos y que le prestamos también atención. Podemos plantearnos también la posibilidad de otorgarle alguna responsabilidad especial como hermano mayor, que le permita ser objeto de reconocimiento.

Se pueden propiciar situaciones de juego en las que participen los dos progenitores junto con los hermanos. El hermano que siente celos se encontrará integrado, compartiendo con su hermano el afecto de sus padres. Estas situaciones le permiten revivir también momentos agradables pasados en los que disfrutó junto a sus padres en juegos similares.

No debemos dar demasiada importancia a las manifestaciones de celos por parte del niño, ni prestarles excesiva atención. No parece conveniente hablar expresa o insistentemente sobre ellos, evidenciar su presencia, o comentarlo con familiares o amigos delante de él.

El niño sufre cuando siente celos, por lo que no debemos enfadarnos con él, regañarle, castigarle o hacerle reproches por unos sentimientos que, en principio, son naturales. Esta actitud no haría sino reforzar en él la idea de que está en lo cierto al pensar que puede perder el cariño de sus padres por culpa de su nuevo hermano.

Pero, por otra parte, hay que asegurarse de que el niño no consiga acaparar toda la atención de los padres con sus manifestaciones de enfado en forma de rabietas y pataletas, o con sus conductas regresivas. Con esa atención no haríamos sino reforzar aquellos comportamientos que son inadecuados.

Cuando debemos prestar atención de un modo especial es en aquellos casos en los que se detecta que los celos son muy intensos y están produciendo un gran sufrimiento en el niño y, sin embargo, aparentemente no se pueden atribuir a ninguna de sus causas más comunes.

Los celos inespecíficos pueden poner de relieve problemas psicológicos más profundos y complejos. Es frecuente detectar en el niño la presencia de sentimientos de inferioridad y rechazo, inseguridad, inestabilidad, inadaptación. Estos casos precisan de la intervención profesional.

Será necesario detectar en primer lugar qué circunstancias o experiencias pasadas han podido originarlos. Habrá que proponer actuaciones encaminadas a corregir las causas y a resolver los conflictos emocionales del niño. El tratamiento posibilitará el desahogo emocional, y la eliminación de aquellas percepciones y sentimientos que están distorsionados.

Cuando, como causa de los celos, se detecta en el niño un determinado temperamento o configuración especialmente compleja de su personalidad, la reducción de los síntomas puede requerir tiempo. En estos casos no es realista presentar la expectativa de que se vayan a producir cambios inmediatos o radicales. Será necesario posibilitar el autoconocimiento, la autoaceptación y la progresiva evolución y fortalecimiento de su personalidad. Esto le permitirá hacer una valoración más realista de sus capacidades y alcanzar una mayor estabilidad emocional.

Broncas en la comida

Para muchos padres el tema de las comidas supone un verdadero suplicio. Hay niños que se muestran reticentes ante algunos alimentos y rechazan comer determinadas comidas: «No pienso tomar puré», «No me gusta la verdura». Otros comen mal en casa y bien en el colegio. Algunos alargan interminablemente el tiempo que dedican a comer.

Generalmente podemos encontrar la explicación de estas conductas en el comportamiento y la actitud de los padres ante las mismas. ¿Reaccionamos con desesperación, regañinas, gritos y castigos? No es conveniente que el hijo termine asociando la comida a situaciones de este tipo. La comida debe asociarse a momentos de relajación y tranquilidad, no a situaciones de tensión y discusiones. Ilustramos esta cuestión con un ejemplo.

Rafa tiene cuatro años y medio. Su padre está encargándose hoy de darle de comer:

—Ya te he dicho cientos de veces que te des más prisa cuando comes. Deja de trastear con ese trozo de pescado. Come de una vez.

—Odio el pescado. Se me hace bola. Además, ahí hay una espina —protesta Rafa.

—Se me ha podido escapar alguna. Apártala en el borde y sigue comiendo. Mastícalo bien antes de tragártelo. Y deja de quedarte embobado mirando la tele —comenta el padre elevando la voz.

—No quiero seguir comiendo —afirma el niño, mientras hace ademán de levantarse de la silla.

—Vuelve a sentarte aquí ahora mismo —replica el padre con ira y en un tono autoritario.

—¡No! —dice gritando—. Sabe asqueroso y tiene espinas —afirma mientras patalea y golpea la mesa.

—Pues te lo vas a comer porque lo digo yo, y se ha terminado —le grita, mientras le coge y le vuelve a sentar a la mesa.

—No me lo voy a comer. No, no y no. No me da la gana.

—Pienso obligarte a comértelo —grita mientras coge con el tenedor un trozo de pescado—. Abre la boca ahora mismo y trágate esto —chilla lleno de cólera—. Hasta que no te comas todo no vamos a levantarnos de aquí —se contiene, cuando está a punto de darle un bofetón.

En este caso el padre no ha conseguido gran cosa con su actitud de desesperación. Se ve envuelto en una lucha de poder y de resistencia que resulta perjudicial y agotadora para ambas partes. Tanto la forma en que se expresan como el contenido de las frases denotan una actitud inadecuada:

- «Ya te he dicho cientos de veces...». El tema no es nuevo, y al parecer el padre ha utilizado la técnica de sermonear, repitiendo una y otra vez lo mismo sin obtener resultados, y consiguiendo que sus palabras terminen por perder el efecto deseado.
- «Come de una vez». Utiliza un lenguaje imperativo. No se trata de una petición sino de una orden. El padre transmite ansiedad ante la situación, y el niño detecta que el padre tiene prisa y se está impacientando.
- «Y deja de quedarte embobado mirando la tele». Antes que decirlo, el padre podría optar directamente por eliminar ese estímulo distractor apagando la televisión directamente.
- «Vuelve a sentarte aquí ahora mismo». De nuevo un lenguaje autoritario con el que no obtiene el resultado que desea.

• «Pues te lo vas a comer porque lo digo yo, y se ha terminado». Una orden «porque sí», sin razonar, que provoca una reacción de rebeldía.

• «Pienso obligarte a comértelo. Abre la boca ahora mismo y trágate esto. Hasta que no te comas todo no vamos a levantarnos de aquí». El padre decide pasar a la imposición y a la amenaza. Con un lenguaje terminante lanza un ultimátum al niño, que sin duda éste recogerá con gusto. Sabe que es difícil de cumplir, que otras veces ya se ha salido con la suya, y parece dispuesto a demostrar a su padre quién puede más.

No es difícil imaginar cómo puede continuar la escena. Conviene no dejarse manipular con el tema de las comidas.

Hay que advertir que, cuando no hay motivo fundado, no tiene sentido plantearlo con la angustia y el dramatismo con que lo viven algunos padres. Nuestra propia ansiedad ante el tema de las comidas se les transmite con enorme facilidad, lo que puede generar y complicar el problema con la alimentación.

De entrada es aconsejable propiciar, en la medida de lo posible, una cierta regularidad en los horarios para las diferentes comidas. No conviene permitir a los hijos comer a deshoras.

Cuando llega la hora de la comida podemos probarla nosotros primero para asegurarnos de que está en condiciones óptimas, a la temperatura adecuada, con su sabor característico.

Es contraproducente llenarle el plato hasta arriba e insistirle una y otra vez: «Come... que comas... te he dicho que te lo comas...». Podemos animarle para que coma, pero debemos hacerlo con moderación, sin alterarnos, sin repetírselo una y otra vez.

Si decide no hacerlo, le retiraremos el plato con tranquilidad, sin exaltarnos, sin enfados ni malos modos, advirtiéndole que hasta la hora prevista para la próxima comida no podrá tomar nada.

Proponemos algunos consejos referidos a la alimentación:

- Evitar obsesionarse con el tema de la comida, el peso, la alimentación. Un niño más rellenito no necesariamente es un niño más sano.
- Propiciar y dejarles comer por ellos mismos, con autonomía; con un año o un año y medio suelen comenzar a intentarlo.
- Mostrar las pautas de alimentación adecuadas y valorar su adquisición; enseñarle las formas correctas de comer y prestar atención a sus progresos.
- Tener paciencia, ya que cuando empiezan a comer solos es normal que se manchen.
- Evitar que utilicen estratagemas, como apartar comida o comer con excesiva lentitud, y que consigan con ellas convertirse en el centro de atención provocando el enfado de los padres.
- Animarles a probar los diferentes sabores para que se vayan haciendo a ellos.
- Acostumbrarles a comer diferentes tipos de comida, ofreciendo variedad.
- Enseñarles cómo se preparan y cocinan algunas comidas.
- Evitar acostumbrarles a comer a la carta, salvo que esté justificado en ocasiones puntuales o por motivos de salud o enfermedad.
- Dar algunas oportunidades para que puedan elegir, por ejemplo con la fruta o algún menú especial.
- Evitar tirar la comida.
- Procurar comer y cenar juntos.

- Crear un clima propicio, de tranquilidad, evitando las prisas, las discusiones, las manifestaciones de ansiedad.
- Evitar la televisión u otras distracciones durante la comida.
- Seguir las indicaciones del especialista sobre la adecuación del peso a la edad, y sus orientaciones sobre el tema de la alimentación.

Una discusión por la forma de vestir

La madre se echa las manos a la cabeza cuando ve a su hija Alicia, que pronto cumplirá los trece años, preparada para ir al colegio con sus amigas un sábado por la mañana a ver una competición deportiva:

—Alicia, ¿pero qué es esto? ¿Adónde crees que vas disfrazada de esa forma? ¿Tú has visto la pinta que llevas? —le reprocha con asombro.

—¿Pero qué pasa, mamá? —pregunta la hija, aunque imagina por dónde va el comentario de la madre.

—¿Que qué es lo que pasa? Pues mira, hija —replica irritada, levantando el tono—, pasa que con esa minifalda medio caída, enseñando la ropa interior, el ombligo al aire, el top ajustado, y los labios y la cara llenos de potingues, pareces cualquier cosa menos una niña.

—Pero, mamá, mis amigas se visten así —responde Alicia, a punto de llorar—. Ésta es la ropa que se lleva ahora. Tú no puedes elegir por mí la ropa que me tengo que poner. Ya tengo edad para decidir cómo vestirme.

—Sí, hija, pero es que no vas vestida; vas medio desnuda, y encima con este frío. No tienes edad para ir de esa manera. Las demás niñas pueden llevar lo que les dé la gana, ¡pero tú no sales hoy por esa puerta vestida así! —le grita en un tono autoritario—. Ya te estás cambiando de ropa y arreglándote de otra forma.

—¡Te odio! Me voy a quedar sin amigas por tu culpa —estalla Alicia en un llanto de desesperación, mientras corre a encerrarse en su cuarto—. ¡Ojalá me muriese ahora mismo! —grita con desesperación mientras se encierra en su cuarto dando un portazo.

La discusión estaba servida casi desde el principio. ¿Cómo podía haber planteado la cuestión la madre a su hija para evitar esa confrontación y conseguir su objetivo? Sería interesante disponer de más información para conocer el contexto, los antecedentes, la relación que mantienen normalmente madre e hija, el estilo educativo habitual de la madre sobre otros asuntos... Aun a falta de esos datos, podemos hacer algunas observaciones sobre la escena y el diálogo anterior y plantear algunas alternativas posibles.

La madre inicia el tema, ya de entrada, de una forma visceral, haciendo gestos ostensibles, como el de echarse las manos a la cabeza. En su segunda intervención ya se muestra irritada y elevando el tono de voz. Para empezar, como primer punto esencial, se podía haber tratado el asunto con serenidad desde el principio, intentando suavizar esa respuesta emocional.

La manera de dirigirse inicialmente a Alicia es utilizando preguntas que muestran asombro, ironía, reproche y un cierto tono despectivo. La alternativa podría haber sido empezar por exponer directamente su criterio y sus razones utilizando afirmaciones.

Veamos un ejemplo de cómo podría haber abordado la madre el tema de forma más positiva y constructiva:

- «Alicia, veo que te has arreglado de un modo diferente para ir hoy con las amigas a ver el partido». Con esta frase descriptiva no hace valoración alguna ni muestra desprecio por la forma en que se ha arreglado.
- «Tal vez se trata de una ocasión especial para ti». Afirma su impresión de que la ocasión debe ser importante, dado que es la primera vez que ha decidido vestirse de ese modo.
- «Creo que la ropa que te has puesto y la forma en que te has arreglado están bien, y te hacen parecer bastante más mayor; sin embargo, resulta inapropiada para tu edad». Valora su gusto personal en la forma de arreglarse y respeta en principio que lo haya hecho así. Evita provocar el rechazo inicial, lo que le va a permitir hacer valer posteriormente su opinión y que ésta también sea respetada. No intenta convencerla o forzarla.
- «Tú puedes elegir la ropa que más te gusta con arreglo a tu edad. Pronto cumples trece años. Te estás haciendo mayor muy rápido, y dentro de poco tiempo podrás ir poniéndote ropa más acorde con las modas». Se anticipa a los argumentos lógicos que sabe que son también razonables desde el punto de vista de su hija.
- «Algunas personas se podrían llevar una idea equivocada al ver a una jovencita con tanto maquillaje y con una ropa tan llamativa. Y tampoco es adecuada para la temperatura que hay en la calle». Habla con ella, le explica sus argumentos y le aporta razones y motivos.
- «Me gustaría que te vistieses y te arreglases de un modo más apropiado. Elige, por favor, otra ropa. ¿Cómo te gustaría arreglarte hoy?». Le muestra su expectativa pidiéndole que se

cambie de ropa y se arregle de una forma más sencilla. La pregunta final pone de manifiesto que la madre da por hecho que la hija va a aceptar la propuesta.

• «Comprendo que te cueste cambiarte de nuevo. Si quieres vamos juntas y te ayudo a elegirla». En caso de que la hija se muestre reacia a hacerlo, la madre actúa como si no hubiese motivo para discutir. De forma implícita está repitiendo su expectativa. Evita hacer caso de las posibles réplicas de su hija, se manifiesta comprensiva ante las mismas y desvía la atención mostrando su disposición a ayudarla. Se trata de reafirmar su propuesta sin exaltarse y sin que sea interpretada como una orden o una imposición autoritaria. Ya le ha dejado claro antes que tiene que cambiarse de ropa y que es la hija quien va a elegir.

• «¿Crees que te quedaría bien ese vestido que te compraste? O tal vez el pantalón que tanto te gusta con esta camiseta a juego...». Le propone algunas alternativas, dejando que sea la hija quien decida finalmente.

• «Imagino que a tus amigas les habría encantado ver cómo te habías arreglado antes. Si te parece bien, se me ocurre que mañana domingo podías invitarlas a venir a casa y os arregláis aquí de una forma especial. Podemos hacer fotos...». Le formula una propuesta añadida que puede ser agradable para su hija y que sirve de recompensa por su conducta obediente. La madre demuestra una sensibilidad especial al reconocer que probablemente le agrade que sus amigas vean cómo se ha arreglado.

Obviamente no se trata de un monólogo. Se han presentado sólo los fragmentos de comunicación correspondientes a la madre.

Tras el análisis anterior comprobamos que esta forma de comunicar presenta muchos puntos positivos:

- *Diálogo fluido*, bidireccional, en el que ambas pueden participar.
- *Lenguaje descriptivo*, que evita las valoraciones subjetivas.
- *Tranquilidad y serenidad*, manejo adecuado de las emociones.
- *Escucha activa*, preguntas, petición de opinión.
- *Empatía*, al ponerse en el lugar de la hija y reconocer su punto de vista.
- *Lenguaje positivo*, que enfatiza las ventajas y utiliza frases afirmativas.
- *Argumentación*, se explican y razonan los motivos.
- *Asertividad*, solicitando sin exigencia ni imposición pero con firmeza.
- *Armonía*, evitando la discusión y el conflicto abierto.
- *Anticipación positiva*, que transmite la expectativa de cumplimiento.
- *Flexibilidad*, ofreciendo alternativas.
- *Implicación*, al realizar propuestas y sugerencias.
- *Continuidad*, se ha evitado la ruptura del diálogo.
- *Resolución*, consecución eficaz del resultado final que se deseaba.
- *Refuerzo*, buscando premiar y recompensar la conducta de la hija.

Capítulo VIII
La compleja adolescencia

Cuanto yo tenía catorce años, mi padre era
tan ignorante que no podía soportarle.
Pero cuando cumplí los veintiuno, me parecía increíble
lo mucho que mi padre había aprendido en siete años.
MARK TWAIN

Un periodo de cambios

La *adolescencia* es una etapa que está a caballo entre la niñez y la edad adulta. Comienza con la pubertad, aproximadamente a los doce años en las niñas y los catorce años en los niños. Se trata de un periodo de crecimiento en el que se producen importantes cambios físicos y psicológicos, personales y sociales.

A nivel *intelectual*, en la adolescencia se desarrolla progresivamente la capacidad para entender y resolver problemas de cierta complejidad. Por una parte esto es una consecuencia natural del crecimiento y la evolución, pero fundamentalmente es fruto del mayor número de experiencias de aprendizaje con las que cuenta el adolescente, y de la estimulación y la educación que ha recibido durante su desarrollo.

La aparición de *problemas emocionales* suele ser también característica de este periodo de la vida. Los cambios a nivel psicológico que experimenta el niño durante la pubertad son muy relevantes y se suceden con gran rapidez.

Entre las manifestaciones que suelen ser *características* de esta etapa destacamos las siguientes:

- Los adolescentes necesitan sentirse socialmente independientes.
- Su nuevo referente es el grupo de amigos.
- La familia pasa a un segundo plano.
- Se muestran más reservados y menos comunicativos con los padres.
- Tienden a poner en cuestión las normas familiares.
- Adoptan una actitud crítica respecto al orden social establecido.
- Muestran una actitud de rebeldía hacia la autoridad.
- Buscan un mayor grado de autonomía.
- Quieren elegir por ellos mismos y tomar sus propias decisiones.
- Continúan necesitando del apoyo y consejo de los adultos.

En general, los jóvenes a esta edad se ven inmersos en una fase de cierta turbulencia emocional, debatiéndose entre *fuerzas contradictorias*. Se debaten:

- Entre el deseo de independencia y libertad, y la obligada dependencia y necesario control y supervisión.
- Entre la búsqueda de novedad, cargada de incertidumbre, y la rutina de lo conocido.
- Ante la duda sobre «quién es» y el deseo de lo que quiere llegar a ser.
- Entre una acusada actitud de rebeldía y la obligación de cumplir ciertas normas.

La adolescencia requiere especial comprensión, empatía, paciencia y aceptación por parte de los padres. Es un momento en el que es necesario ampliar el *margen de libertad.* Se produce un «tira y afloja» entre los padres y el hijo, en el que se puede caer en dos errores frecuentes. El primero consiste en pensar que «todo es negociable», y el segundo es creer que «si no cedemos» podemos acabar perdiendo el afecto de nuestro hijo.

Al adolescente le preocupa su imagen ante los demás. Puede vivir sometido a la presión del miedo al ridículo y al rechazo. Probablemente viva intensamente la necesidad de integración en «su grupo». Va en busca de su *individualidad,* de su *identidad* y *diferenciación.* Los sentimientos de incomprensión y soledad pueden estar presentes, aun cuando se sienta arropado por su grupo de amigos.

La *comunicación* con los adolescentes suele ser compleja. Requiere de un esfuerzo por parte de los padres para entender no sólo lo que nos dicen, sino lo que nos están queriendo decir realmente. Con frecuencia sus mensajes van más allá de sus palabras. Les puede costar verbalizar sus propios sentimientos contradictorios; ni ellos mismos encuentran a veces la forma de explicarlos adecuadamente.

Desean contar sus cosas pero también quieren hacer valer su privacidad y proteger su intimidad. Su forma de comunicarse puede ser confusa, a veces críptica. Es un reflejo de su propio mundo interior de cuestionamiento y cambio. Se comunican escuetamente con los adultos; a veces exclusivamente lo imprescindible. Su sensación es que éstos no van a ser capaces de entenderle.

Por el contrario, tienden a comunicarse extensamente con su grupo de amigos, en los que depositan mucha confianza, y por los que sí se sienten comprendidos.

Cuando las aguas del torbellino de la adolescencia vuelven a su cauce, muchas conductas del joven experimentan un giro importante. Hay que aceptarle, saber esperar con paciencia y comprensión, *darle su tiempo.* Poco a poco se va recuperando progresivamente la confianza y la complicidad con los padres.

Indumentaria e imagen personal

Durante la adolescencia tienen lugar importantes cambios físicos que se producen en un corto periodo de tiempo. El cuerpo del niño se convierte en el de un joven, los caracteres sexuales se acentúan, la voz sufre cambios.

El aspecto físico se convierte en un tema de especial relevancia, lo que hace que para muchos jóvenes sea una etapa difícil. Los cambios hormonales pueden provocar la aparición de erupciones en la cara conocidas como acné juvenil. Otros niños necesitan utilizar correctores dentales. Cualquier peculiaridad o desviación de las características físicas consideradas como normales es tenida en cuenta.

La imagen personal y la indumentaria son aspectos que permiten a los jóvenes reafirmar su identidad e identificarse con su grupo de amigos. Los hijos adolescentes se preocupan mucho por su imagen. Pero esa preocupación puede llegar a ser en muchos casos excesiva, pudiendo derivar en enfermedades, como la anorexia.

Especialmente en la adolescencia, los hijos deben tener un cierto margen de libertad para elegir y decidir voluntariamente los aspectos relativos a su imagen: su forma de vestir, de llevar el pelo. Debemos intervenir si consideramos que algunos de estos aspectos pueden resultar inadecuados.

Los padres pueden compartir con sus hijos sus opiniones y gustos sobre la forma de vestir. Pueden marcar algunos límites que sean razonables y aceptables, pero deben permitir que los hijos, especialmente los más mayores, hagan sus propias elecciones sobre la ropa con arreglo a sus gustos y preferencias. Deben intentar respetarlas, evitando las continuas muestras de disgusto y las críticas constantes hacia las mismas. Sólo deberían intervenir en caso de que la ropa elegida resultase especialmente inapropiada para la ocasión.

Los tatuajes y los *piercings* son objeto de agrias discusiones entre algunos padres y sus hijos adolescentes. Los jóvenes deben conocer los posibles riesgos que conllevan, así como el carácter permanente de aquellos tatuajes que quedan grabados de forma indeleble en la piel.

Los amigos

Para nuestro hijo, sus amigos no sólo son importantes. Son necesarios. Las relaciones de amistad ayudan a conformar la personalidad y a desarrollar las habilidades sociales, por lo que debemos potenciarlas.

Podemos crear oportunidades para que se establezcan, desarrollen y mantengan esas relaciones. En el colegio surgen a menudo de un modo natural, fruto del contacto diario y frecuente. Pero también se hacen amigos en el parque, entre la vecindad, en el barrio, en los lugares de vacaciones.

Acceder y animar para que los amigos de nuestros hijos vengan a casa nos permite conocerlos. Pero no conviene olvidar que debemos saber respetar esas relaciones de amistad. En ocasiones tendremos que reservar para nosotros nuestras opiniones acerca de ellos.

Debemos, por ejemplo, evitar entrometernos, o buscar complicidades artificiales con sus amigos que puedan perjudicar su relación con ellos.

Podemos mantener algún tipo de contacto o comunicación con los padres de sus amigos del colegio, por ejemplo. Una alternativa que puede ser interesante y enriquecedora consiste en potenciar y buscar oportunidades para la relación entre las respectivas familias, a través de visitas, salidas en grupo, excursiones. También puede convertirse para los padres en una circunstancia que les permita ampliar su círculo de amistades.

Sexualidad

El rápido crecimiento propio de la adolescencia da lugar a una madurez sexual que se produce antes en las chicas, con el inicio de la menstruación, que en los chicos, marcada en su caso por la producción de semen.

Se producen importantes cambios en la estatura y en los rasgos físicos. Aparece el vello facial en los chicos, y el vello corporal y púbico en ambos sexos. En las chicas aumenta el tamaño de los senos y se ensanchan las caderas.

El sexo y la sexualidad se convierten en temas de especial interés para los adolescentes. La educación sexual requiere desmitificación, eliminación de sentimientos de culpabilidad, aceptación, naturalidad y, sobre todo, una adecuada y oportuna información.

La comunicación entre padres e hijos acerca del tema de la sexualidad puede verse dificultada por las inhibiciones de los padres y por el diferente enfoque del tema que surge del propio cambio generacional. Por estos motivos, en muchos casos los adolescentes reciben escasa información de sus padres sobre el tema.

Los centros educativos cumplen un importante papel en lo relativo a la formación sobre la sexualidad. Los temas que se pueden abordar incluyen los órganos sexuales del hombre y la mujer y su función, la reproducción humana y su proceso, las enfermedades de transmisión sexual, los métodos anticonceptivos, las relaciones de pareja y la ética de las relaciones sexuales, la paternidad.

Algunos jóvenes muestran una cierta inmadurez en relación con el tema de la sexualidad. Pueden estar saliendo con varios chicos/as a la vez, evadiendo cualquier tipo de compromiso o implicación afectiva, sin muestras de responsabilidad, fidelidad o sinceridad con la pareja. Esto puede provocar una situación de desajuste que suele terminar afectando a su propio equilibrio emocional.

Los padres deben hacer saber a los hijos que las relaciones amorosas no se alimentan exclusivamente de la pasión, el deseo o la satisfacción en el plano físico. La sexualidad es importante, pero constituye un aspecto más de las relaciones. Éstas necesitan también del reconocimiento y del respeto por el otro, del intercambio afectivo real, en el que no sólo se recibe sino que también se da. Es necesario aprender también a disfrutar juntos sin caer en una excesiva y exclusiva dependencia emocional.

Los horarios

El tema de los horarios debe gestionarse adecuadamente. Es necesario establecer algunos límites y normas razonables relativas a este tema, e ir adaptándolas progresivamente a las circunstancias y diferentes edades y etapas del desarrollo.

Cuando los hijos son pequeños hay que buscar un cierto orden y regularidad en lo que a horarios se refiere: la hora de acostarse y de despertarse, la hora de comer, la del baño. La estructuración de las actividades y la organización de las rutinas permiten que la vida se convierta para ellos en algo predecible.

La guardería y posteriormente el colegio marcan unos horarios a los que tendremos que ajustarnos. Es aconsejable establecer los tiempos asignados a los deberes escolares y al estudio, así como el tiempo dedicado al ocio.

Más adelante, cuando empiezan a salir con sus amigos, es conveniente establecer con claridad los límites en la hora de llegada a casa, y hacerlos respetar. Podemos pactar y fijar ese horario con nuestro hijo teniendo en cuenta su situación particular, su edad, madurez y responsabilidad, los amigos con los que va a estar, el lugar al que va y la actividad que piensa realizar.

Lo razonable es ir retrasando progresivamente la hora de llegar a casa. Para establecerla no parece lógico tener como único criterio la hora de llegada de los demás amigos y compañeros, aunque obviamente debe ser tenida en cuenta.

Tampoco se puede aplicar el mismo criterio para marcar una hora un día puntual entre semana, un día de fin de semana, un día en que se celebre alguna fiesta especial o en el que por ejemplo vaya a asistir a un concierto, o en el periodo vacacional. Cuando se ajustan los horarios por motivos especiales, conviene dejar claro que son circunstancias excepcionales respecto del horario habitual.

El hijo podrá comprobar que la confianza que se gane y la responsabilidad que muestre irán permitiendo ampliar el margen de ese límite en la hora de llegada.

La noche se ha convertido para muchos jóvenes en un espacio de independencia y libertad, en el que puede no haber supervisión, ni límites, ni inhibiciones. Muchos jóvenes llegan de madrugada a sus casas, con lo que dejan de estar «operativos» gran parte del horario del día. Esta circunstancia puede hacer que se pierda una parte importante del necesario contacto con ellos.

En ocasiones se les permiten estos horarios para posibilitar su integración en un grupo en el que él sería la excepción, regresando a casa antes que el resto. En este sentido se ha generalizado una permisividad que, en muchos casos, ha pasado a ser excesiva, y que expone a muchos jóvenes a una cierta desorganización en sus vidas y a riesgos innecesarios.

Gustos musicales

El tipo de música que escuchan algunos jóvenes «espanta» a sus padres. Y no sin razón. Por su sonido repetitivo y machacón, sus letras transgresoras, su apología de la violencia como recurso, su enaltecimiento, incitación y banalización del consumo de drogas.

La música actúa como vínculo de unión entre los jóvenes. Puede ser motivo de preocupación si el joven transfiere esos mensajes a su conducta y actitudes, lo que ocurre a menudo, cuando no ha recibido previamente criterios para discriminar, ni valores para contrarrestar esos mensajes.

¿¡Pero cómo puede gustarte ese ruido que estás escuchando!?

Cada nueva generación ha creado y disfrutado de estilos musicales que eran vistos con recelo por sus padres. Lo adecuado es mostrar respeto por sus gustos musicales. Difícilmente podremos educar en el respeto si nuestra actitud no es tolerante precisamente en un tema de tanta relevancia para muchos jóvenes.

Lo que no resulta conveniente es permitir volúmenes de sonido tan elevados que puedan resultar molestos para el resto de la familia, o para los vecinos. Encontramos una posible alternativa en el uso puntual de auriculares, sin abusar tampoco del volumen, ni propiciar el aislamiento del joven, persistentemente encerrado en su propio mundo.

Juegos de rol

Los juegos de rol ocupan un lugar destacado entre las aficiones de muchos jóvenes. Se suele tener un concepto equivocado acerca de los mismos desde que saltaron a los medios de comunicación vinculados a conductas violentas.

Este tipo de juegos desarrollan la creatividad y la imaginación de los jóvenes, que asumen y recrean diversos papeles que les permiten proyectar aspectos de su mundo interior. Además de posibilitar el desarrollo de capacidades diversas, son una importante fuente de socialización.

Como suele ocurrir con casi todas las cosas, cuando es llevado al extremo, desde la obsesión y la falta de criterio en la aplicación de sus reglas, puede llegar a tener consecuencias muy negativas, incluso trágicas. Esta circunstancia suele darse cuando el joven que participa en el juego presenta alguna psicopatología o desequilibrio previo que le lleva a desvirtuar el juego, o a confundir la ficción y la imaginación con la realidad.

Las sectas

Determinados *grupos sectarios* encuentran entre los jóvenes las víctimas idóneas para inocular en ellos las ideas y actitudes que sustentan. Muchos de estos movimientos se caracterizan normalmente por el fanatismo y la intransigencia, e intentan obtener respaldo a partir de planteamientos altamente coercitivos y autoritarios.

Las sectas emplean con habilidad estrategias para convencer y persuadir a algunos jóvenes, y captar así nuevos adeptos. Con técnicas, en muchos casos perversas, logran esclavizar o anular la voluntad del joven, para ponerle al servicio del logro de los objetivos del grupo en cuestión.

Las situaciones de *inadaptación personal* hacen que el joven sea más vulnerable y pueda caer en las redes de una secta. La fragilidad de algunos jóvenes que aún están conformando su personalidad les hace especialmente vulnerables. Pueden quedar psicológicamente atrapados en estos grupos, que les captan para sus propios fines.

El joven acaba actuando de forma muy diferente a como hubiera hecho si no tuviese contaminado previamente su propio criterio. Casi sin tener conciencia de ello su voluntad queda anulada, y se encuentra privado de su capacidad para decidir con libertad.

En el trasfondo de estas situaciones encontramos habitualmente que algunas *necesidades psicológicas o emocionales* del joven no están cubiertas. La secta se beneficia de esta circunstancia intentando dar respuesta a esas necesidades básicas.

Estos grupos se aprovechan del deseo que tiene el joven de inclusión, de identificación, de su necesidad de reconocimiento, de estructuración y, por extraño que pueda parecer, de *sometimiento a una determinada disciplina.* Esto es especialmente significativo y revelador desde el punto de vista educativo.

Si se analiza el perfil del joven que puede ser víctima de una secta, observamos que a menudo se trata de jóvenes inseguros, que encuentran dificultades para relacionarse, con un fuerte deseo no satisfecho de pertenencia, pero que a la vez les proporcione la sensación de libertad e independencia.

El interés y la atención de los padres por las amistades y relaciones que establecen sus hijos pueden ayudarles a detectar a tiempo estas situaciones y a reaccionar adecuadamente ante ellas.

Drogas

El consumo de drogas y el abuso de la ingesta de alcohol se han incrementado de forma alarmante entre los jóvenes. En algunos casos se ha convertido casi en un requisito de admisión por parte del grupo, en una condición para la integración, una forma de liberarse y evadirse de los problemas. Ya no son sólo una justificación de la relación con el grupo. Han pasado en muchos casos, de forma casi inadvertida, a convertirse en el núcleo central.

Los jóvenes pueden entrar en contacto con el mundo de las drogas por diferentes motivos. Encontramos factores de riesgo muy diversos. Algunos casos se presentan en familias desestructuradas, conflictivas o rotas, con independencia de su nivel socioeconómico.

Otros jóvenes se ven movidos por el deseo de novedad, de evasión o de búsqueda del placer. Para algunos es una pretendida expresión de su rebeldía contra los adultos y contra el sistema. Sus deseos de libertad se ven pronto frustrados, al encontrarse sometidos a la dependencia de estas sustancias.

La influencia del contexto y del grupo es un factor decisivo en muchos casos. El joven considera erróneamente que la droga puede dar respuesta a su necesidad de pertenencia e inclusión, aunque finalmente encuentra que se trata de un fin en sí mismo. Se puede pasar, además, con relativa facilidad del consumo de unas sustancias adictivas a otras drogas: tabaco, alcohol, pastillas, cocaína, heroína, etc.

Hay dos circunstancias que, con cierta frecuencia, están presentes en el contexto familiar de algunos jóvenes que caen en el consumo de drogas. Por un lado, la ausencia de un modelo o referente adecuado con el que identificarse. Normalmente suele ser la figura del padre, físicamente ausente, o cuya presencia resulta irrelevante o contraproducente. Por otro lado, la posible influencia de una madre emocionalmente inestable, con tendencia a la sobreprotección.

En la personalidad del joven que consume drogas podemos encontrar rasgos muy diversos: inmadurez, inestabilidad, timidez, inseguridad, inferioridad, debilidad. En ocasiones se detecta la presencia de algún tipo de trastorno psicopatológico.

Para consumir drogas es necesario disponer de medios económicos con los que poder adquirirlas. Se puede observar en el joven un incremento en sus demandas económicas. Si éstas no son satisfechas, puede empezar a sustraer dinero, o a buscar otras formas para conseguirlo.

La comunicación con la familia se reduce y se va deteriorando progresivamente. La ocultación y la mentira pueden pasar a ser algo habitual. El deterioro físico también se hace evidente, unido a las alteraciones del ritmo sueño-vigilia y a la disminución del apetito. Tanto su estado de ánimo como su conducta sufren cambios frecuentes.

Es un problema tan angustioso que en la actualidad muchos padres, en lugar de dialogar y consultarlo directamente con sus hijos, optan por comprar en la farmacia tests indicadores que, en contacto con las ropas del hijo, les permiten conocer si han consumido algún tipo de droga.

Los adolescentes precisan orientaciones claras en este sentido. Eso incluye indicaciones y recomendaciones referidas a la elección de sus amigos, acerca de los posibles efectos y consecuencias del consumo o del abuso de determinadas sustancias, de la importancia de saber decir «no» y de encontrar propuestas y actividades alternativas sanas.

Cuando se observan síntomas evidentes como los expuestos, se hace necesaria la intervención de un especialista (psicólogo, médico, centro especializado). Es preciso actuar con relativa rapidez y mucha constancia.

La depresión

Lo que algunos consideran como «los mejores años de la vida» a veces es vivido por los hijos como una pesadilla, un sinfín de amarguras y angustias, un pozo de incomprensión y de tristeza.

Aun llevando una vida normal y estable, los niños pueden encontrar dificultades para adaptarse a un mundo en el que casi todo parece estar ya construido, que está plagado de normas, que exige responsabilidades, cumplimiento y resultados. Al igual que los adultos, los hijos también pueden sentir miedos y angustias, sufrir estrés y sentirse deprimidos.

La *depresión* es un trastorno que puede aparecer en diferentes momentos del ciclo vital. La adolescencia y, puntualmente, la infancia, son dos periodos en los que las tendencias depresivas suelen manifestarse con relativa frecuencia.

Según diversos estudios realizados, la sintomatología depresiva puede estar presente aproximadamente en un diez por ciento de los adolescentes, presentando una mayor prevalencia en el sexo femenino. Esto podría atribuirse a factores de tipo hormonal, pero también es una consecuencia de otras variables, como la no aceptación de la imagen corporal. En esos casos la depresión puede cursar asociada también a trastornos de la conducta alimentaria.

No es lo mismo tener una depresión que sentirse desanimado. La depresión es una enfermedad que no siempre resulta evidente, pero que se pone de manifiesto a través de *síntomas* como los siguientes:

- Tristeza, llanto.
- Baja autoestima, autodesprecio.
- Desesperanza, indefensión.
- Retraimiento.
- Sentimientos de fracaso.
- Pesimismo.
- Apatía.
- Sentimientos de culpabilidad.
- Irritabilidad.

En algunos casos es frecuente encontrar también alteraciones del sueño y pérdida de apetito.

En ocasiones los síntomas aparecen de forma persistente, sin un motivo aparente que los justifique. El hijo queda sumido en la tristeza, el llanto y el silencio. Para él la vida parece haber perdido el sentido.

Entre las *causas* de depresión encontramos factores tanto psicológicos (conductuales, cognitivos y emocionales) como sociales y culturales. Ante la presencia de síntomas depresivos habrá que tener en cuenta el entorno familiar, académico y social en el que se desenvuelve nuestro hijo.

La depresión infantil y juvenil es una realidad que a algunos padres les cuesta trabajo entender. Les parece algo más propio de los adultos; sin embargo, el contexto y las características propias de la adolescencia la convierten en una etapa especialmente vulnerable en este sentido.

La adolescencia supone un periodo de desorientación, de búsqueda y de cambios importantes que, en algunos casos, derivan en una crisis personal. Como bien estiman algunas culturas orientales, la crisis puede representar un peligro pero también ofrecen oportunidades de cambio. La depresión puede ser el reflejo de ese proceso de fuerte transformación que vive el adolescente.

En el origen de la depresión se puede detectar la influencia de diversos factores:

- Pensamientos distorsionados y negativos, acerca de uno mismo y de la realidad.
- Sentimientos de indefensión y de falta de control sobre los acontecimientos.
- Ausencia de elementos reforzadores, de estímulos positivos.
- Surgimiento de un acontecimiento que es valorado negativamente por la persona.

- Cambios intensos y significativos en el contexto vital.
- Presencia de una patología de origen orgánico.

Entre las *causas específicas* más frecuentes de la depresión en niños y jóvenes cabe citar las siguientes:

- Un entorno familiar desestructurado o patógeno.
- La ausencia o separación de los padres.
- Las posibles deficiencias en las relaciones interpersonales.
- Los conflictos con los amigos.
- El aislamiento y la soledad.
- Las situaciones de rechazo, hostilidad, acoso y exclusión.
- Los problemas de integración.
- El sentimiento de desarraigo.
- El fracaso en los estudios.
- El sentimiento de rechazo dentro del núcleo familiar.
- La ruptura con la pareja.
- Los antecedentes de depresión en la familia.
- La incidencia de posibles factores orgánicos.
- La presencia de otros posibles trastornos psicológicos.
- El fallecimiento de un familiar o de algún ser querido.
- La insatisfacción con las propias características físicas.
- El consumo de alcohol y sustancias estupefacientes.
- Los abusos y malos tratos.

Los adolescentes pueden acusar el efecto de un ambiente escolar y familiar desestabilizador, demasiado rígido y exigente, y, en ocasiones, incluso violento. Los problemas o dificultades en las relaciones sociales, la falta de afecto y de comunicación, la crisis de valores, o la autoimagen negativa (cuando físicamente no se responde al canon de belleza socialmente imperante), están en la base de muchos trastornos depresivos en estas edades.

Prevenir y actuar ante la depresión

Algunos padres se quedan bloqueados en la búsqueda de las causas y los motivos, sin llegar a adoptar las medidas necesarias. Los pilares que hemos propuesto para la educación de los hijos actúan como auténticas vacunas contra la depresión. El hecho de sentirse querido y poder dar y recibir afecto, el clima de estabilidad, respeto y aceptación, la comunicación fluida y positiva, la autoridad responsable y la coherencia educativa.

Las vacunas psicológicas están al alcance de la mayoría de las personas. Hay tres potentes *antídotos* contra la depresión:

- Actividad.
- Amistad.
- Autoestima.

Esta «vitamina 3A» consiste básicamente en la recuperación y el fortalecimiento del sentimiento de valía, en la evitación del aislamiento (propiciando un contacto social positivo) y en la reducción de la inactividad.

Se trata de intervenir sobre tres factores críticos que, al igual que ocurre con los adultos, a menudo provocan que el joven termine por deformar la realidad, sesgándola en negativo, sin salir de su propio mundo interior, y quedando anclado en sus sentimientos de tristeza.

El afecto y la comprensión de la familia, así como una reorientación más positiva del pensamiento, pueden actuar como poderosos facilitadores que ayudan a salir de la depresión. El adolescente pasa así de su sentimiento profundo de soledad e incomprensión, a sentirse acompañado, comprendido y apoyado.

Debemos buscar el momento adecuado para hablar con él. En la conversación podemos abordar diversos aspectos de su vida, evitando centrarnos exclusivamente en aquellos que estén relacionados con su estado emocional actual. Aunque debemos mantenernos atentos, no debemos volcar una excesiva y constante atención sobre él y sobre su depresión.

En muchos casos puede resultar más eficaz acompañar y escuchar que intentar hablarle continuamente. Es conveniente evitar los reproches que podrían aumentar todavía más la mella en su autoestima.

Con frecuencia el joven con depresión no entiende o no es capaz de seguir las sugerencias y consejos bienintencionados que se le suelen dar para animarlo. Cuando escucha expresiones del tipo: «Anímate; debes poner de tu parte», puede pensar que eso precisamente es lo que intenta una y otra vez sin llegar a conseguirlo, y sin encontrar la salida a su estado de profundo sufrimiento.

Puede que tampoco se sienta reconfortado cuando se le comentan los aspectos más positivos que tiene en su vida: «Pero mira todo lo que tienes». En el estado en que se encuentra probablemente no se sienta capaz de valorarlo. Puede llegar a parecerle incluso un reproche. Para él no es ésa la cuestión.

El hijo adolescente con depresión no alcanza a comprender cómo ha podido él llegar a estar así mientras que los demás siguen aparentemente tan tranquilos o tan felices. Al hecho de no poder reaccionar de forma positiva ante las demandas de los demás, suele añadirse el sentimiento de culpa que se deriva precisamente de esa misma circunstancia. Se halla ante una situación que parece escapar a su propia voluntad.

Se encuentra impotente al no poder sentir o responder de otra forma. Vive con el convencimiento de que su caso debe ser único, de que nadie puede llegar a entender cómo se siente. Piensa que los demás deben encontrarse «en otra órbita» y que no comprenden realmente lo que le está pasando.

Los *padres* están igualmente afectados por el estado en que se encuentra su hijo. Viven, en cierto sentido, atrapados por la situación, pero viéndose obligados, además, a intentar disimular la profunda tristeza y preocupación que sienten. Sus intentos de ayuda parecen no dar resultado. Quedan sumidos en la impotencia, ante la duda de si habrán cometido algún error con su hijo que haya podido derivar en la situación actual. Y ante la incertidumbre de si la forma en la que le están tratando en su actual estado será la más adecuada.

La depresión infantil y juvenil precisa de *apoyo profesional especializado* y de un tratamiento personalizado. A partir de un diagnóstico inicial se determinará en su caso la conveniencia del tratamiento más adecuado. La propuesta de intervención clínica contempla la psicoterapia, tanto individual como con la participación de la familia. En algunos casos esta intervención será un complemento necesario, que vendrá a apoyar al tratamiento farmacológico apropiado.

Si el hijo se siente comprendido, respetado, apoyado y querido incondicionalmente, probablemente comenzará a encontrar el camino de salida. Esto le puede ayudar a reconducir sus pensamientos, sus emociones, su conducta. Los padres pueden transmitir esperanza e ilusión, hacerle ver que hay todo un futuro por construir y que él puede desempeñar un papel activo en ese proceso. Puede ir recuperando progresivamente el ánimo y darle de nuevo un sentido a su vida.

El suicidio

En nuestro vocabulario habitual contamos con una palabra para referirnos a aquel menor cuyo padre o madre, o ambos, han fallecido. Ese término es «huérfano». Cuando fallece el cónyuge, decimos que la persona queda viuda. Sin embargo, resulta difícil encontrar un calificativo para aquellos padres cuyo hijo ha fallecido.

La pérdida de un hijo es uno de los acontecimientos más dolorosos que puede sufrir un ser humano. Se trata de una circunstancia que parece ir en contra de la ley natural: los padres fallecen antes que los hijos.

Los jóvenes que se ven afectados por una depresión barajan la idea del suicidio como una salida a esa situación de gran sufrimiento. Y, en algunos casos puntuales, lamentablemente llega a consumarse.

Un intento de suicidio no es únicamente una llamada de atención. Es un grito de ayuda que no se puede desatender. La manifestación de amenazas en este sentido no debe pasarse por alto restándole importancia.

Cuando un hijo ha tenido una tentativa de suicidio, con frecuencia los padres sufren un fuerte impacto que les deja sumidos en el desconcierto, en la culpabilidad, en la incertidumbre sobre el futuro. A veces quedan sometidos a un fuerte chantaje emocional, atrapados por el miedo, intentando mostrar una nueva permisividad y afecto por el hijo. Les queda, tanto a ellos como al hijo, la duda de si lo hacen de un modo natural o como consecuencia de la presión psicológica que han experimentado.

El suicidio es un acto de autodestrucción, de escape de una vida que no se desea vivir. Es un camino equivocado que algunos jóvenes confunden con la salida a su situación. Unos se dan cuenta de su error a tiempo, otros persisten en sus tentativas, y desgraciadamente, algunos acaban terminando de forma trágica.

Hay medidas que resultan adecuadas de cara a la prevención del suicidio:

- Ofrecer al hijo un entorno de estabilidad y seguridad.
- Transmitirle afecto y potenciar su equilibrio emocional.
- Propiciar situaciones en las que consiga logros y éxitos.
- Fortalecer su autoestima.
- Incrementar su capacidad de resistencia a la frustración.
- Desarrollar sus habilidades sociales.
- Enseñarle estrategias de solución de problemas.
- Educarle en un pensamiento más positivo.
- Estar alerta ante indicadores que apunten a una posible depresión.
- Detectar posibles cambios en su conducta y en su estado de ánimo.
- Consultarlo y ponerlo en conocimiento del especialista.

Un caso para la reflexión

Conocí a Daniel en los cursos de verano de la universidad. Yo impartía un curso titulado «Hablar en público». Al hacer las intervenciones iniciales, cada alumno tenía que realizar una presentación personal, plantear alguna reflexión sobre la oratoria y comentar sus objetivos en el curso. Cuando Dani se presentó hubo un silencio especial en el aula. Por su forma de expresarse podía advertirse su circunstancia especial: presentaba una *disfemia*.

La *disfemia* o tartamudez es una alteración del lenguaje en la que se producen algunas repeticiones rápidas y vacilaciones involuntarias al hablar. Su aparición se puede considerar normal en los primeros años, durante el aprendizaje del habla, pero posteriormente constituye una disfunción. Aunque su etiología es incierta, puede tener que ver especialmente con situaciones de estrés. Algunos especialistas atribuyen la disfemia principalmente a causas psicológicas, mientras otros ponen el acento en un origen orgánico. En cualquier caso, su aparición desencadena generalmente problemas psicológicos. Además de la intervención logopédica, algunos aspectos como la ansiedad, la inseguridad, la autoimagen negativa o la dificultad en las relaciones sociales hacen aconsejable la intervención psicoterapéutica.

Daniel, a pesar de su dificultad evidente en la expresión, afrontó el reto de hablar en público con valentía y afán de superación. Fue un ejemplo para todos los asistentes. Tras finalizar el curso decidió participar en varios cursos más dentro del programa de mejora personal de la universidad, y acudir al gabinete psicopedagógico. Había iniciado un proceso de cambio, de descubrimiento personal, que no tenía vuelta atrás. Quería pasar la página de una infancia especialmente difícil, que le había marcado, y de la que aún quedaban secuelas que necesitaba superar.

Su proceso de análisis y de cambio quedó reflejado en un escrito que realizó tras varios meses (durante los cuales compartimos sesiones de trabajo en el gabinete psicopedagógico).

Se mostró complacido de que su experiencia pudiera servir de ejemplo para destacar la importancia de la educación y de las relaciones familiares en la evolución del desarrollo psicológico y el equilibrio personal y emocional.

Éste fue su análisis.

Daniel, un retrato personal

Me llamó Daniel. Nací en el mes de agosto, a finales de la década de los setenta. Soy el segundo hijo de una pareja peculiar, que se lleva entre ellos veintidós años de edad de diferencia. El trato recibido por parte de mi familia fue desde el principio muy correcto y bueno, pero *la educación a nivel emocional fue un caos.*

A mi madre tengo que darle las gracias por lo que soy. A ella le debo el espíritu de lucha, creatividad y curiosidad y afán de entrega por las causas en las que creo. *A mi padre le debo mi desorden afectivo y emocional*, mi capacidad de reflexión, cultivada desde pequeño para intentar comprenderle, una excesiva implicación emocional, falta de asertividad y problemas para defender mi «Yo».

Tengo en mi cabeza *el concepto de familia como sinónimo de angustia y de ansiedad.*

Cuando nací mi madre tendría veinticinco años y mi padre se iba acercando a los cincuenta. Recuerdo que desde pequeño mi madre tuvo que organizar, además de la casa, nuestra educación, y responder a nuestras inquietudes y miedos, para que pudiésemos sobrevivir.

Mi padre se jubiló anticipadamente cuando yo tenía cinco años. Recuerdo que *desde siempre la presencia de mi padre me ha desequilibrado debido a sus conductas tan irracionales.* Siempre *ha delegado la responsabilidad en los demás y en su familia.* Resulta curioso; es como si él fuera el hijo. Tengo en mi cabeza imágenes suyas de acciones y conductas tan raras. *Podía no hablarte sin ningún motivo.* Nos pasamos toda la vida diciéndole que bajara el volumen de la televisión. Recuerdo que un día se clavó una pequeña astilla en el dedo y se puso a lamentarse y hacer el ridículo. *¿Qué ejemplo era ése para un niño de diez años? ¿Dónde estaba mi referente y mi modelo?* Fui adoptando una postura de mediador, *aprendí a callar, no sabía qué sentir.* A pesar de todo, me enfrenté varias veces con mi padre, sin éxito. *Ahora comprendo que tiene algún problema,* pero *en mí todavía perdura el sentimiento de no sentirme querido.* Creo que mi parte masculina está bastante dañada.

En este panorama *empecé a tartamudear* a los cinco años. Si bien ya era poco propicio a hablar, con este motivo comencé a hablar menos. Los especialistas que me trataron vieron muy pronto que era un chico que sufría *gran ansiedad y angustia.* Tengo que reconocer que el hecho de empezar a estudiar francés desde joven me posibilitó desarrollar mis capacidades de expresión. Las clases de francés se convirtieron en un lugar donde poder comunicarme como no podía hacer de otra manera.

Mis primeros años en el colegio fueron satisfactorios, a pesar de que era un alumno mediocre. Soy ambidiestro, y en el deporte no era nada bueno. Tenía amigos que me invitaban a sus casas. Pero yo *comencé a ponerme barreras; tenía miedo de que no me aceptaran,* por mis circunstancias y por mi forma de ser. Asimismo, la *imposibilidad de tener mi habitación propia* me impedía proyectar mi tensión y otras formas de expresión, y mostrar a mis amigos una pequeña parcela fruto de mi obra. La relación con mi hermano, la persona con la que compartía la habitación, no era muy satisfactoria. Era una proyección de mi padre, lleno de miedos y complejos. Y *para no discutir empecé a callar.*

A la edad de trece años mi tartamudez empeoró muchísimo. *La tensión que tenía era insostenible.* Mis sentimientos de creación y mi rebeldía estaban aplastados. *Surgió en mí la idea del suicidio.* Fue la única vez en mi vida que tuve ese pensamiento. Tenía tantos sentimientos en mí, pero en realidad *no sabía qué sentir. Me fui convirtiendo en el peor alumno de la clase, sin amigos,* a pesar de que eran muy buenos conmigo. Estaba *muerto en mi parte psicológica y afectiva. Mi vida estaba vacía. No entendía cómo mi madre no hacía algo.* Posteriormente descubrí que el amor a sus hijos no le permitía ver más allá. *La tartamudez fue adquiriendo cada vez más importancia, y la ansiedad y el miedo acrecentaron en mí la imposibilidad de comunicarme.*

A los dieciséis años me orienté hacías las letras. El *estudio* de la filosofía, la literatura y otras materias me abrió las puertas a grandes cosas, a un conocimiento sobre el ser humano que no había tenido antes. Me convertí en un buen alumno y eso me dio una gran *confianza. Y mi vida empezó a tener sentido.* Conocí a una chica y a un buen amigo. A pesar de esto, al cabo de dos años la relación con los dos se rompió, por *miedo a abrir mi corazón y a que me pudieran rechazar.*

Cuando llegaron los dieciocho años, la vida con la familia prosiguió de la misma manera. *Me llenaba de tensión y angustia,* pero los viajes que planificaba mi madre me encantaban. Conocí de pequeño casi toda España y una parte de Europa. *Pero no me sentía feliz, ya que el núcleo familiar tiene que aportar confianza y no lo hacía.* Comencé a estudiar la licenciatura en Humanidades. Aprendí grandes cosas sobre el pensamiento humano. *El aprendizaje fue para mí un gran regalo.* La vida continuaba y yo me encontraba solo y no sabía qué hacer.

A los veintitrés años, gracias a una beca, tuve la posibilidad de vivir un tiempo fuera de casa, concretamente en Francia. Esta experiencia fue genial para mí. Comencé a abrirme un poco más, pero en general *las relaciones que tenía con las personas eran superficiales.* Empecé a darme cuenta de que *mis conductas eran estereotipadas y estaban programadas de antemano,* y de que debía hacer algo para cambiar. Pero ¿cómo hacerlo?

Al año siguiente *mis padres se separaron.* Nos fuimos a vivir no muy lejos. La vecina de al lado nos alquiló la casa. Empecé a compartir la habitación con mi madre. De nuevo, *mis sentimientos de independencia y rebeldía se machacaban* aún más. *No tenía pilares sobre los que desarrollarme.* Ese mismo año empecé los estudios de Biblioteconomía y Documentación. La dinámica de estudio de la universidad y el plan de estudios me agobiaron mucho. El estudio, que había sido mi válvula de escape, dejaba de serlo. *Mi vida social y emocional estaba estancada, ligada a mi actitud pasiva ante los demás. No hablaba, no sabía expresarme, tenía miedo de que los demás supieran la verdad sobre mí.* De modo que llegué a los veinticinco años con *una vida social que era un desastre. No podía pronunciar palabra y odiaba todo.*

A los veintiséis años mi vida cambio de nuevo. Uno de los dueños de la casa falleció. Tuvimos que dejarla y volver al antiguo domicilio familiar. A pesar de que al principio surgió aún más tensión, posteriormente fue mejorando. En la universidad empecé a trabajar como becario del Laboratorio de Idiomas. Esta nueva responsabilidad me permitió abrirme y empezar a buscar soluciones.

Encontré una fuente de inspiración en los cursos de desarrollo personal que realicé en la universidad y en el servicio de orientación psicopedagógica. Empecé a hacer teatro, participé en un curso de técnicas para hablar en público. Aprendí a entender que *un problema también puede ser una fuente de conocimiento.*

A los veintisiete años conocí a las personas más importantes de mi vida, tanto en el terreno masculino como en el femenino, aunque debo reconocer que nunca he tenido novia. Tuve mis primeros desengaños, puesto que al abrirme a una relación no sabía cómo hacerlo. *Tengo en mí la idea falsa de que el amor y el respeto que tienen hacia mí no son sinceros.*

Empecé a trabajar como tutor de francés en la universidad, encargándome de las clases. Para mí es como un sueño. Me está permitiendo descubrir en mí facetas que desconocía.

La familia sigue ahí, pero se ha convertido en una preocupación secundaria. La tartamudez va teniendo menos importancia, pero en ese sentido siguen aflorando sentimientos a la hora de comunicarme. He cambiado mucho, pero *tengo todavía muchas dificultades para expresar de forma equilibrada mis emociones, «mi yo», «mis opiniones». Soy poco asertivo...*

Tengo dificultad en expresar quién soy, y sentimientos irracionales que me hacen sentir que no valgo lo suficiente y creer que lo que tengo que aportar no es importante. Eso se manifiesta en mis relaciones emocionales y afectivas, y a la hora de empezar una conversación, de defender mis puntos de vista o de enfadarme. *Pienso de antemano que los demás van a tener una actitud desfavorable hacia mí, que su opinión no va ser sincera, que no soy suficientemente bueno y que no voy a dar la talla. ¿Será porque no me he sentido querido por mi padre?* Tengo *dificultad para defender mi «yo»*. Soy optimista y estoy convencido de que podré lograr lo que desee, pero tengo que ordenarme. *Quiero dar el despegue definitivo y ser feliz.* Lucharé para ello.

Reflexiones sobre el caso de Daniel

Cuando conoces a Daniel, descubres en él a una persona amable, generosa, llena de humanidad, de bondad, de humildad y de afán de superación. Cuesta imaginárselo enfadado. Su semblante no refleja el sufrimiento que su historia delata. Tras analizar su relato uno puede fácilmente leer entre líneas incluso aquello que no está explícitamente expresado. Aunque menciona a su padre sin profundizar demasiado, es la persona a la que atribuye principalmente su desorden afectivo y emocional. Se pueden intuir o apreciar algunas carencias básicas que ha sufrido desde su infancia, y que son muy importantes a nivel educativo:

- La ausencia de implicación y de responsabilidad sobre su educación.
- La falta de afecto, de confianza básica y de un adecuado apoyo emocional.
- La ausencia de atención, comprensión, motivación, diálogo y comunicación.
- La inmadurez personal y la arbitrariedad e incoherencia en la conducta paterna.
- La carencia de un espacio personal de equilibrio, desarrollo e independencia.

Lo más destacado, quizá, es comprobar en un caso real cómo se evidencian las consecuencias tan negativas que pueden derivarse de esas carencias educativas. Podemos destacar especialmente algunas de ellas:

- Ansiedad, angustia.
- Inseguridad, desconfianza.

- Inestabilidad emocional y sentimientos contradictorios.
- Déficit en la competencia social.
- Autoconcepto negativo, autodesprecio y falta de autoestima.
- Depresión, ideación de suicidio.
- Retraso en la madurez.
- Falta de autocontrol.
- Retraimiento, introversión.
- Dificultades en la expresión y en la comunicación.

Para concluir, es importante destacar el aspecto más positivo de este caso. Aun cuando la huella y las marcas que han dejado esos primeros años pueden ocasionar algunas secuelas, los seres humanos tenemos un enorme potencial para la superación, y en este caso resulta evidente. Daniel comenzó un proceso de análisis y de reflexión personal, de cambio y de superación. Inició un camino hacia un encuentro más positivo con el mundo, y para ello empezó primero por la búsqueda y el descubrimiento de lo mejor de sí mismo.

Capítulo IX
La violencia juvenil

Educar no es dar carrera para vivir, sino templar el alma para las dificultades de la vida.
PITÁGORAS

Conducta antisocial y violencia juvenil

Tanto los padres como los profesores, los propios compañeros o los ciudadanos de a pie, se ven amenazados por las actitudes y conductas violentas de algunos jóvenes. Campan a sus anchas por cualquier parte: en la calle, en el parque, en el colegio, en el centro comercial.

A menudo la impotencia y el miedo impide pararles los pies, lo que les hace sentirse fuertes. Se trata de un tipo de violencia que la mayoría de las veces queda silenciada. Como mucho se comenta con las personas más cercanas, a modo de desahogo. No hay denuncia. Queda impune.

La sociedad nos muestra una de sus peores caras cuando comprobamos la frialdad e insensibilidad de esos jóvenes extremadamente violentos, irascibles y despóticos. Pueden ser calculadores, manipuladores y chantajistas. Se muestran impulsivos e irracionales. Sus conductas antisociales se suceden una tras otra.

Muchos factores pueden actuar como causa o detonante de este tipo de conductas: los violentos juegos de ordenador, la violencia gratuita en las películas, su presencia constante en las noticias (guerras, atentados, violencia de género) y en el día a día.

Entre los jóvenes, las conductas antisociales se manifiestan preferentemente en varones —aproximadamente en dos de cada tres casos— que tienen en torno a los catorce o quince años de edad, y con problemas familiares. Este tipo de comportamiento se está dando igualmente en familias acomodadas.

El joven que presenta conductas antisociales y problemas de adaptación social muestra generalmente algunos rasgos muy acusados en su perfil de personalidad. En ocasiones pueden confundirse los actos de maldad con trastornos de personalidad antisocial en los que la conducta violenta y agresiva se manifiesta de forma persistente.

Entre las características que resultan más significativas en este sentido encontramos las siguientes:

- Frialdad, insensibilidad, baja afectividad.
- Falta de empatía, distanciamiento.
- Inestabilidad emocional, desadaptación.
- Inmadurez, conducta irresponsable.
- Hedonismo y búsqueda de satisfacción inmediata.
- Baja tolerancia a la frustración.
- Escasos sentimientos de culpabilidad.
- Competitividad, dominación.
- Inconformismo, desatención a las normas.
- Ansiedad, tensión.
- Impulsividad, bajo autocontrol.
- Rebeldía, negativismo.
- Agresividad, irritabilidad, carácter violento.
- Independencia, egocentrismo, narcisismo.

Este perfil les lleva a comportarse sin respetar o considerar los derechos de los demás. Su carácter desafiante, temerario, manipulador y vengativo no entiende de normas. No es capaz de experimentar remordimientos o sentir culpabilidad por sus actos.

La marginación y la delincuencia son las consecuencias que habitualmente se derivan de un perfil de este tipo. Se trata de una patología que en general precisa de un ingreso en un centro especial, y de intervención bio-psico-social especializada.

Maltrato y conducta violenta en el hogar

Podrían engendrarse hijos educados
si lo estuvieran los padres.
JOHANN WOLFGANG VON GOETHE

El maltrato infantil es una triste realidad. Con una alta probabilidad, el adulto que agrede al menor padece serios problemas psicológicos y personales. Pueden aparecer vinculados generalmente al consumo de alcohol o drogas, a frustraciones personales, situaciones de desempleo, dificultades económicas o crisis de pareja. A menudo hay antecedentes de violencia vivida en la propia infancia.

Un hijo que sufre la agresión física de sus padres, o que vive la violencia entre ellos o los malos tratos de uno hacia el otro, irá creciendo en un ambiente nocivo que tendrá consecuencias muy negativas en la construcción de su propia personalidad.

El maltrato adopta muchas formas. Puede ir desde la desatención en los cuidados básicos hasta las graves agresiones físicas, pasando por los abusos sexuales. No debemos olvidar que la violencia psicológica está igualmente presente y que es otra forma de agresión que, en muchos casos, deriva también en violencia física.

Las caras de la agresión emocional y moral y del maltrato psicológico son múltiples. El rechazo abierto, la crueldad, la privación de cariño y afecto, de reconocimiento y de atención, son formas de maltrato psicológico.

Los comportamientos incoherentes, inestables, volubles e imprevisibles también forman parte de ese repertorio. No dejan huellas físicas tan evidentes como la de un moratón, pero pueden provocar daño psicológico y heridas emocionales difíciles de reparar.

La conducta del maltrato psicológico puede caracterizarse por ser:

- Amenazante, violenta.
- Cruel, despiadada.
- Estricta, sobreexigente.
- Posesiva, dominante.
- Fría, indiferente.
- Rechazante, despreciativa.
- Rígida, severa.
- Frustrante, desvalorizadora.
- Irresponsable, temeraria.
- Incoherente, desequilibrada.

Son conductas que, en sus manifestaciones más duras, revelan claramente que nos encontramos ante un comportamiento con el niño que puede calificarse claramente como inhumano.

La conducta violenta de los padres sirve a sus hijos como modelo a imitar. Con frecuencia, los malos tratos sufridos en el hogar convierten al niño a su vez en un maltratador en el colegio o con otros niños.

La violencia se aprende y engendra más violencia. No debemos autorizar o consentir la violencia y la agresión entre los hermanos, ni educarles o, lo que es peor, demostrarles que el uso de la fuerza es algo legítimo.

En las relaciones familiares es evidente que no todo va a ser armonía y felicidad. Es natural que surjan discusiones, diferencias de criterio, frustraciones. Pero es posible aprender a aceptarlas y resolver los conflictos de forma civilizada, con diálogo y con respeto, sin recurrir a la agresión.

Un caso de violencia juvenil

Quien abre las puertas de una escuela cierra una prisión.
VÍCTOR HUGO

Los medios de comunicación se hicieron eco de un caso muy revelador: el de una joven que fue secuestrada a punta de navaja por varios menores de edad y fue víctima de una violación múltiple y posteriormente asesinada. La atropellaron repetidas veces y, finalmente, la quemaron.

Los menores que se sentaron en el banquillo habían sido detenidos anteriormente en más de setecientas ocasiones. La sociedad quedaba perpleja ante la noticia. Un ensañamiento brutal por parte de un grupo de menores hacia una víctima indefensa, también menor de edad.

En muchos padres quedó la sensación de impunidad, de injusticia y, sobre todo, de que algo muy grave estaba ocurriendo en nuestra sociedad cuando podía darse en nuestro entorno cercano un caso así.

La primera reacción de unos padres que se encuentren ante una situación similar probablemente pase por pensar en la aplicación inmediata de un castigo ejemplar, para evitar que dichos actos puedan volver a repetirse. Podemos dedicar gran parte de nuestras energías y recursos a castigar, adoptando una actitud defensiva y punitiva. En principio parece lógico, pero tal vez lo más urgente y lo que mejores resultados nos puede dar a largo plazo es educar y prevenir. Y la educación en el entorno familiar cobra un especial protagonismo en este sentido.

Algunas preguntas para la reflexión:

- ¿Qué valores se ha inculcado a esos jóvenes?
- ¿A qué modelos imitan o están utilizando como referentes?
- ¿Quién ha guiado y supervisado su educación?
- ¿Por qué no se han desarrollado en ellos el autocontrol y las conductas prosociales?
- ¿Cómo puede explicarse esa violencia injustificada?
- ¿Esos jóvenes tienen conciencia del daño irreparable que han provocado?
- ¿La edad cronológica puede ser un criterio válido para determinar la asunción de responsabilidades por la propia conducta?

En este caso, la conducta individual parece haberse visto amplificada y arrastrada por la influencia del grupo, que ha podido ejercer sobre el joven un efecto de despersonalización, potenciación de la asunción del riesgo y disolución de la responsabilidad.

Esos jóvenes son el reflejo de una realidad que está en la calle, en el día a día; presente en los colegios, en los medios de comunicación, en los hogares. La conducta violenta en la juventud es en gran medida una extensión, y a veces una copia, de la violencia social (la violencia doméstica, los casos de abusos y maltrato infantil, la delincuencia...).

Agresión física y acoso psicológico entre compañeros

Un sistema escolar que no tenga a los padres como cimiento es igual a un cubo con un agujero en el fondo.
JESSE JACKSON

La intimidación y el ejercicio de la violencia entre iguales van en aumento. Muchos jóvenes sufren indefensos la agresión sistemática, tanto física como psicológica, de sus propios compañeros. De forma reiterada les insultan y les amenazan. Son objeto de burlas, del rechazo, de la humillación. Se sienten solos a veces ante la indiferencia de otros que presencian cómo son golpeados, amenazados, ridiculizados, vejados y humillados sin hacer nada.

Se trata de jóvenes que atemorizan y agreden con saña, que disfrutan viendo sufrir a su víctima. El joven que es víctima de acoso queda subyugado emocionalmente por las intimidaciones y amenazas de su agresor. Puede vivir en un estado de indefensión, sumido en la depresión, la angustia, el terror. Atrapado por sentimientos de vergüenza, culpa, autodesprecio, puede barajar la idea del suicidio como única salida.

El acoso escolar es una triste realidad que en ocasiones permanece oculta y silenciada, lo que nos debe poner en alerta ante posibles casos que se puedan producir en el centro en el que cursan sus estudios nuestros hijos.

La conducta prepotente que muestran estos «violentos» en los centros educativos, aunque no siempre ocurre, probablemente se dejará ver igualmente en el hogar, con hermanos, con amigos.

Los chicos recurren de forma más habitual a la violencia física. El acoso escolar es menos frecuente en el caso de las chicas. Representa aproximadamente la cuarta parte de los casos, pero va en aumento. Ellas utilizan preferentemente la violencia psicológica, mediante la exclusión, el aislamiento, los insultos y descalificaciones.

Es necesaria la colaboración activa de los padres con el centro educativo. No deben consentirse estos comportamientos violentos. Es preciso cortarlos de raíz, extinguirlos y reforzar las conductas positivas alternativas. El joven debe disculparse públicamente y, en caso de reincidencia, hay que barajar la posibilidad de cambiarlo a otro centro, donde pueda comenzar de nuevo sin llevar colgado el cartel de violento, y donde no disponga del respaldo de su anterior grupo de «compinches».

Los padres deben advertir a sus hijos de que existe esta realidad, para que estén alerta y, en caso de que se produzcan situaciones de acoso, se lo hagan saber. En todo caso, los padres pueden detectar algunos síntomas que pueden delatar situaciones de este tipo:

- Tristeza y cambios de humor.
- Aislamiento y pérdida de amistades.
- Cambios en la conducta.
- Actitud de reserva; se muestra menos comunicativo.

- Bajo rendimiento académico.
- Rechazo a ir al colegio, absentismo escolar.

Normalmente estos chicos viven el fin de semana o la llegada de las vacaciones como una liberación.

Ante una situación así podemos animarle y ayudarle a recomponer su círculo de amistades, propiciando la relación con nuevos amigos, preferentemente del colegio, pero también externos al centro escolar. Es preciso reforzar también su autoestima y enseñarle algunas habilidades para relacionarse eficazmente. En algunas ocasiones habrá que barajar la posibilidad de un cambio de centro.

En cualquier caso, y aunque nuestro hijo no sea la víctima del acoso escolar, debemos igualmente aconsejarle para que no se convierta en un espectador pasivo ante estos hechos. Su silencio y su pasividad pueden entenderse como una complicidad inadmisible, que contribuiría además a perpetuar la situación.

Debemos instruirle para que desarrolle su sentido de la justicia y su solidaridad. Para que ayude al más débil, al que es tratado injustamente. Para que se rebele con valentía contra lo que es moralmente inaceptable. Para que rechace las conductas indignas, denunciándolas y buscando apoyos para poder dar respuestas colectivas a las mismas.

La recuperación de la autoridad y la educación en valores, tanto en el hogar como en el centro educativo, puede ser la mejor vacuna y el principal antídoto para prevenir o anular aquellas actitudes y comportamientos que atentan contra la dignidad de las personas. Los centros educativos deben ser espacios para el aprendizaje, pero sobre todo para la paz, el respeto y la convivencia.

La autoridad del docente

De mi madre he recibido la vida,
pero de mi maestro he aprendido a vivir.
ALEJANDRO MAGNO

Un niño que no ha sido educado correctamente en su casa, probablemente será un alumno con problemas en el colegio. Lo que un niño vive y aprende en su hogar adquiere tal peso, que con frecuencia resulta difícil de modificar o corregir después en un centro educativo. Sus profesores y sus compañeros de clase serán los primeros en acusar ese déficit educativo.

Si los padres que se posicionan en contra de los profesores terminan por mermar la autoridad del docente, es una autoridad que, paradójicamente, luego les demandan. No tiene sentido que deleguen en ellos la formación de sus hijos y les exijan responsabilidad pero, a la primera de cambio, los desautoricen y critiquen delante de sus hijos.

La docencia es una profesión que requiere dedicación y vocación. Hay excelentes profesionales de la educación que se esfuerzan día a día para dar lo mejor de sí mismos, que trabajan continuamente para diseñar nuevos recursos pedagógicos más eficaces, que se enfrentan dentro del aula a situaciones verdaderamente complejas. Los padres no tienen que compartir el criterio educativo de todos los profesores, pero sí tener en cuenta que éstos merecen su consideración y necesitan de su apoyo incondicional para poder realizar adecuadamente su labor.

El sindicato de profesores ANPE ha realizado diversos estudios en centros educativos, que evidencian la presencia de indisciplina y violencia en los mismos. Los docentes sufren agresiones verbales, psicológicas y físicas. Los insultos y las amenazas de daños físicos por parte de los alumnos problemáticos son una realidad.

Los profesores acusan desmotivación y problemas psicológicos derivados de los elevados niveles de estrés a los que están sometidos en el aula, presionados por la complejidad de su trabajo, por los propios alumnos, por los padres de éstos...

Se establecen como principales causas externas la actitud familiar, la crisis de valores y los medios de comunicación. Sin embargo, la opinión de los jóvenes resulta muy significativa. Mayoritariamente lo atribuyen a los alumnos conflictivos. Algo más de la mitad lo achaca a la falta de respeto a la autoridad del docente. Y casi la mitad considera que la causa puede encontrarse en la excesiva permisividad de las familias.

Resulta sorprendente. Son los propios jóvenes los que parecen estar reclamando más disciplina y autoridad por parte de sus padres.

Las investigaciones realizadas por INJUVE, el Instituto de la Juventud, son coincidentes en estos resultados. Según sus estudios, aproximadamente la mitad de los jóvenes considera que sus padres son poco estrictos.

Padres permisivos y consentidores con sus hijos, que probablemente han perdido su autoridad en el hogar pero que en algunos casos, sin embargo, se sienten legitimados para desautorizar a los profesores. Y lo hacen dando a sus hijos la razón por principio, amparando algunas conductas injustificables e inaceptables, actuando como si fuesen sus abogados. Salen en defensa de sus inocentes retoños aunque, en muchos casos y por diversos motivos, desconocen la verdadera realidad de sus hijos en la escuela. Pero se muestran dispuestos a defenderles a capa y espada ante quien sea.

Si a la falta de autoridad de los padres le añadimos la «desautorización» del docente, no es de extrañar que las cosas no vayan como deberían. Los jóvenes saben aprovecharse bien de esos vacíos.

Capítulo X
Los hábitos de estudio

Los objetivos básicos de la educación deben ser aprender a aprender, aprender a resolver y aprender a ser.
UNESCO

Un enfoque positivo del aprendizaje

Para muchos niños el estudio se asocia casi automáticamente a cuestiones como exámenes, deberes, horas y horas de estudio, madrugones, recuperaciones de septiembre, castigos. Las connotaciones negativas han restado gran parte del valor positivo inherente al aprendizaje.

En determinados casos, el propio lenguaje y discurso de los padres no ha contribuido a mejorar esta situación: «Es que no te esfuerzas lo suficiente», «¿Cuándo piensas ponerte a estudiar?», «No tienes fuerza de voluntad», «¿Has hecho ya los deberes?», «Si sigues así vas a suspender», «Te acabas de cargar el verano».

Las actitudes, preocupaciones, expectativas y exigencias de los padres referidas a los estudios de sus hijos se trasladan a éstos e influyen sobre ellos con relativa facilidad y de forma decisiva. Los padres atribuyen un determinado valor e importancia a los estudios. Algunos inciden sobre el tema llegando a ejercer una presión de tal intensidad que puede resultar difícil de soportar. Por el contrario, en otros casos se puede observar una dejación y un desinterés sobre el tema que igualmente resulta perjudicial.

Debemos transmitir a nuestros hijos una imagen positiva del estudio. Cada materia que estudiamos es una aportación más a nuestro desarrollo y crecimiento personal. Podemos contribuir a que afronten el aprendizaje como un reto y un desafío. El conocimiento es una fuente de libertad, es el camino hacia esa independencia que tanto anhelan los jóvenes.

El estudiante es el protagonista del estudio, debe tener un papel activo en el aprendizaje y no limitarse a ser un mero receptor pasivo. Puede abordar a disgusto y a regañadientes la tarea de estudiar, haciendo del estudio algo tedioso, aburrido e insufrible, o bien convertirlo en una actividad divertida, entretenida y atractiva.

Un estudiante no debe limitarse a escuchar, escribir, leer y memorizar. Debemos animar a nuestros hijos a procesar y asimilar la información. Para ello pueden realizar actividades muy diversas: investigar, comparar, reestructurar, crear, pensar, valorar, sintetizar, dibujar, criticar, exponer, redactar, autoevaluar.

Analizar y mejorar las técnicas de estudio

¿Cómo es que, siendo tan inteligentes los niños,
son tan estúpidos la mayor parte de los hombres?
Debe de ser fruto de la educación.
ALEJANDRO DUMAS

El establecimiento de unos adecuados hábitos de estudio desde que el niño comienza su etapa escolar es una de las mejores inversiones a largo plazo que podemos hacer.

Los seres humanos aprendemos durante toda nuestra vida. El estudio adquiere un mayor peso durante los años de formación académica. Sin embargo, cuando posteriormente desarrollamos nuestra actividad en el ámbito profesional, necesitamos seguir aprendiendo para ampliar, renovar y actualizar los conocimientos.

Un error bastante frecuente es considerar, de entrada y sin ningún análisis previo, que lo que hace falta es dedicar muchas más horas al estudio. Ésta es la atribución más frecuente que se suele utilizar para justificar y explicar unos deficientes resultados académicos. Y, de hecho, es cierto en muchos casos. Sin embargo, la cuestión fundamental puede que no resida en la cantidad de tiempo que se le asigna. Algunos alumnos invierten muchas horas en el estudio sin ver después compensada tanta dedicación con unos buenos resultados.

Ya no es una cuestión de tiempo de estudio. Lo que falla en estos casos es el método, la forma de estudiar. Es preciso adecuar el procedimiento y mejorar las técnicas. Los esfuerzos que se hagan en esta dirección pueden facilitar el aprendizaje y optimizar los resultados de muchos alumnos, cuyo verdadero problema es que realmente no saben estudiar.

Presentamos a continuación una batería de cuestiones relativas al estudio. Las respuestas a las mismas pueden poner de relieve los aspectos en los que podemos introducir mejoras.

Es necesario potenciar en nuestros hijos el orden, la organización y la utilización de procedimientos sistemáticos y eficaces de aprendizaje. El estudio es una actividad intelectual a través de la cual comprendemos y valoramos unos determinados contenidos, los asimilamos y fijamos en nuestra memoria, y los recordamos posteriormente, pudiendo aplicarlos en contextos reales.

CUESTIONARIO SOBRE EL ESTUDIO

- ¿Qué resultados académicos obtiene nuestro hijo?
- ¿Se corresponden con su esfuerzo y dedicación al estudio?
- ¿Cómo son sus resultados en relación a los de su grupo de compañeros?
- ¿Cuáles son las materias que domina más y en cuáles encuentra más dificultad?
- ¿Qué resultados ha obtenido en pruebas de inteligencia y de aptitudes específicas?
- ¿Mostramos interés por sus estudios?
- ¿Se ajustan nuestras expectativas a su capacidad y posibilidades reales?
- ¿Cuál es su actitud y su motivación hacia el estudio?
- ¿Qué motivos le animan a estudiar?
- ¿Qué tareas realiza para aprender los contenidos?
- ¿Distribuye su estudio durante el curso o lo concentra justo antes de los exámenes?
- ¿Realiza en casa las tareas y los trabajos correspondientes?
- ¿Diseña una programación personal de sus actividades de estudio?
- ¿Lleva a la práctica las actividades que tiene programadas?
- ¿Realiza además otras actividades diferentes a las académicas?
- ¿Organiza su tiempo y sus actividades personales?
- ¿Muestra cierta regularidad en sus horarios?
- ¿Asiste puntual y regularmente a las clases?
- ¿Participa activamente en clase y toma apuntes?
- ¿Expresa sus ideas de forma adecuada?
- ¿Escribe con corrección?
- ¿Aborda la lectura con agilidad y comprensión?
- ¿Discrimina adecuadamente las ideas principales?
- ¿Realiza puntual y correctamente resúmenes, esquemas y síntesis de los contenidos?

- ¿Encuentra dificultades para memorizar los contenidos?
- ¿Qué estrategias utiliza para la memorización?
- ¿Cómo aborda el estudio de las materias más lógicas, numéricas y científicas?
- ¿Tiene facilidad para concentrarse en sus actividades o tiende a la dispersión?
- ¿Qué factores pueden estar dificultando su concentración?
- ¿Realiza sus tareas con autonomía o necesita y solicita el apoyo de los demás?
- ¿Es constante en su trabajo y suele terminar las actividades una vez que las ha iniciado?
- ¿Tiene un lugar de estudio que reúna las condiciones adecuadas?
- ¿Dispone del material y de las herramientas necesarias para el aprendizaje?
- ¿Cuál es su principal dificultad a la hora de abordar los exámenes?
- ¿Comprende y sigue adecuadamente los enunciados e instrucciones de las preguntas?
- ¿Presenta síntomas de ansiedad que afectan a su rendimiento?
- ¿Cómo responde ante las dificultades o ante los resultados adversos?
- ¿Se considera a sí mismo capaz de obtener buenos resultados?
- ¿Es sociable y se encuentra bien integrado en el grupo de clase?

Para que el aprendizaje sea eficaz debe ser metódico y claro, lo que requiere orden, precisión y rigor. Debe basarse no sólo en la memorización de contenidos, sino en la comprensión de los mismos a partir del uso de la lógica, de la reflexión, de la profundización. Cada nuevo aprendizaje debe ponerse en conexión y relacionarse con lo aprendido anteriormente. Es más fácil aprender los contenidos teóricos cuando están estrechamente vinculados a su aplicación práctica y utilidad real.

¿Fuerza de voluntad?

A menudo consideramos que el estudio es una cuestión de fuerza de voluntad. Sabemos que para obtener buenos resultados académicos hay que esforzarse y renunciar a algunas otras actividades que tal vez nos pueden apetecer más. Sin embargo, transmitir la idea de que el sacrificio, la abnegación o el sufrimiento son condiciones necesarias para sacar adelante los estudios no suele dar muy buenos resultados. La propuesta anterior resulta en general menos eficaz que la de simplificar y facilitar el estudio y optimizar el proceso de aprendizaje desde la implicación personal, la dedicación y la motivación.

La expresión «fuerza de voluntad» se utiliza con tanta frecuencia que probablemente ha perdido parte de su significado original. La interpretación que a menudo se hace de la misma conlleva una cierta connotación negativa. De forma casi involuntaria puede utilizarse o interpretarse como un reproche: «Tienes que tener más fuerza de voluntad». Muchos estudiantes la esgrimen como autorreproche, en forma de crítica hacia ellos mismos: «Es que no tengo fuerza de voluntad». Este tipo de pensamientos no hacen sino mermar su autoconcepto, y suelen derivar en la consiguiente desmotivación.

Voluntad es un término que introduce la idea de «querer», de elegir algo sin que haya un impulso externo que nos obligue a hacerlo. Con su mejor intención, algunos padres insisten a sus hijos: «Estudia, estudia, estudia». La pretensión inicial no es la de obligar, sino más bien la de animar y estimular. Sin embargo, se puede terminar por ejercer una cierta presión externa que en sí misma es incompatible con la definición inicial del concepto «voluntad».

Voluntad implica ánimo y decisión personal. El término «fuerza» parece innecesario cuando se logra esa predisposición positiva. En aquellos casos en los que la persona siente el deseo de hacer algo, da la sensación de que dispone de suficiente energía y dinamismo para conseguir su objetivo. En esas condiciones el trabajo parece que no supone un esfuerzo. Esa fuerza y energía interna nacen de la voluntad y de la motivación. La desgana, el desinterés o la negación son prácticamente incompatibles con ambas.

Profundizar en la motivación nos permite lograr que nuestros hijos «quieran estudiar». Hay que avanzar en esa dirección y reforzar en ellos la creencia en su capacidad. En cierto modo, serán tan capaces como nosotros creamos que pueden serlo.

La necesaria motivación

Aprender es cambiar.
La educación es un proceso que cambia al aprendiz.
GEORGE LEONARD

La motivación es uno de los elementos clave en la educación de los hijos. Al igual que los adultos necesitamos motivaciones en nuestra actividad laboral, los jóvenes precisan encontrar alicientes que les animen a estudiar. Aunque en esa labor participan de forma significativa los profesores, los padres desempeñan un papel fundamental. Y, finalmente, el protagonismo lo tienen que llevar los propios niños. Debemos promover que sean ellos mismos quienes progresivamente aprendan a descubrir y fortalecer sus propias motivaciones.

Es conveniente ofrecerles estrategias que les permitan desarrollar las actividades escolares con autonomía, que faciliten su aprendizaje y que optimicen su rendimiento académico.

Además de buscar posibles recursos que sirvan de estímulo para el estudio, es preciso recordar que la acción en sí misma ya es un elemento de motivación. Algunas actividades le ayudan a ponerse manos a la obra casi sin darse cuenta y a comenzar a construir su conocimiento sobre el tema objeto de estudio. Por ejemplo, empezar a ordenar la mesa de estudio, organizar los materiales y los apuntes, leerlos y subrayarlos, elaborar un breve esquema o resumen sobre los mismos.

La motivación es, en muchos casos, una consecuencia directa del reconocimiento y de la alabanza. Desafortunadamente, lo más frecuente es extenderse en las críticas cuando las cosas no han salido bien y hacer escasa mención del tema cuando van «como deben». Algunos padres y profesores presentan lo que podríamos denominar como el «síndrome del bolígrafo rojo»: «Esto está mal resuelto. Aquí hay un fallo. En esta asignatura tienes un suspenso». Cabe preguntarse si no merece la pena prestarle también atención a lo que está bien hecho, a lo que se ha logrado, a las asignaturas en las que se han obtenido los mejores resultados.

Recuerdo unas viñetas del gato Garfield en las que aparecía junto a su amigo el perrito poniendo el árbol de Navidad. Se les podía ver disfrutando de la actividad, trabajando en equipo y colocando con mucho entusiasmo los adornos del árbol. Garfield enchufaba finalmente las luces del árbol y aparecía su amo, que les daba una palmadita a cada uno de ellos mientras afirmaba: «Bien hecho, muchachos». Los tres se quedaban mirando un árbol de Navidad completamente desnudo de adornos desde la mitad hasta la copa. Debido a su pequeña estatura, únicamente habían podido decorar la franja de abajo.

Con frecuencia nos fijamos en el resultado final sin atender a las capacidades reales y al esfuerzo realizado. Si la historieta no hubiese terminado ahí, es fácil imaginar cómo podría haber continuado. Después de ese reconocimiento de su trabajo, muy probablemente los dos protagonistas comentarían entre ellos que el árbol se podría mejorar si ponían adornos también en la parte superior, e irían a buscar algún taburete o sillita para completar la decoración del árbol. La iniciativa para hacerlo habría salido de ellos mismos.

La motivación es algo interno que se alimenta fácilmente con el reconocimiento externo. La alabanza es uno de los principales motores para la acción y hace despuntar los mejores logros. Dosificada convenientemente, es una de las mejores formas de recompensa que podemos ofrecer a nuestros hijos.

Sin darse cuenta y probablemente sin intención, muchos padres pueden convertir ese valioso premio en un castigo. Para ello tan sólo es suficiente con introducir algún «pero»:

Muy bien, has mejorado bastante...
pero si te hubieses esforzado más
habrías obtenido un sobresaliente

Cuando la alabanza no se produce casi en ningún caso, o cuando no es sincera o resulta excesiva, la consecuencia natural puede ser la desmotivación.

¿Cómo motivarles para el estudio?

Enseñar a quien no tiene curiosidad
por aprender es como sembrar
un campo sin ararlo.
RICHARD WHATELY

El interés de nuestros hijos por el estudio puede ser un factor tanto o más determinante que su propia capacidad intelectual. La motivación continuada para el trabajo escolar les permite mantenerse en el esfuerzo aun en circunstancias adversas. Se trata de algo más que de una motivación ocasional o puntual sobre algún tema o materia concretos.

La motivación actúa como una fuerza que nos moviliza para conseguir algo que deseamos, que nos impulsa a satisfacer una necesidad.

¿Siente nuestro hijo esa necesidad y ese deseo de estudiar?

¿Cómo podemos los padres facilitar o favorecer esa motivación para el estudio?

Aunque la motivación no se puede imponer desde el exterior, sí es posible despertar la necesidad, contagiar entusiasmo y animar a la acción. Pero el objetivo final es que el hijo descubra y desarrolle sus propios motivos para implicarse en el estudio.

La cuestión principal que deberíamos resolver en muchas ocasiones es qué debemos hacer para *evitar desmotivarles.* Algunos comentarios por parte de los padres, referidos al tema de los estudios, no resultan especialmente afortunados:

• «Pues lo que tiene que hacer es estudiar, porque eso es lo que hay —en un tono inflexible y autoritario—. Esto son lentejas, hijo; si quieres las tomas y si no las dejas».

• «A ver si empiezas ya el colegio y dejas de dar guerra en casa». Sugiere la idea del colegio como una especie de retiro o aparcamiento de niños.

Nuestras indicaciones y enseñanzas van a influir de un modo especial. En la vida diaria, casi sin darnos cuenta de ello, nuestro comportamiento, preguntas y comentarios transmiten y enseñan mucho a nuestros hijos sobre la importancia del aprendizaje, el deseo de saber, el valor de la constancia, la confianza en uno mismo, la superación de las dificultades, la satisfacción por el trabajo bien hecho.

Exponemos a continuación algunos consejos y estrategias que pueden contribuir a *elevar la motivación* de nuestro hijo y potenciar su interés por las actividades escolares y académicas. Se han clasificado en diversas áreas.

Interés por el aprendizaje:

• Comentar el importante papel que juega la adquisición de conocimientos en nuestras vidas.

• Transmitir la idea de que el aprendizaje constituye una poderosa herramienta de crecimiento personal.

• Despertar su inquietud e interés por entender y conocer la realidad que le rodea.

• Hablar con él sobre diversos temas que amplíen su nivel de conocimientos. Aprovechar, por ejemplo, las noticias de actualidad, los avances científicos.

• Formular preguntas y ofrecer respuestas aprovechando situaciones cotidianas.

• Propiciar situaciones reales en las que el hijo pueda utilizar y aplicar lo que ha aprendido.

Apoyo al estudio:

- Interesarnos por las actividades que realiza en clase y por las materias que está estudiando.
- Explicarle y ayudarle a descubrir los motivos por los que cada materia y cada tema son importantes.
- Alentarle a estudiar desde el comienzo de curso y a llevar al día sus estudios.
- Animarle para que participe activamente en clase y para que consulte y resuelva las dudas que le pueden ir surgiendo.
- Intentar conectar los nuevos aprendizajes con sus áreas de interés.
- Animarle a que realice adecuadamente sus deberes y trabajos escolares.
- Ayudarle y apoyarle puntualmente en algunas tareas escolares que revistan especial dificultad.
- Posibilitarle alguna ayuda extra si se considera necesaria. Barajar la posibilidad de darle una formación complementaria, matricularse en una academia, recibir clases particulares.

Técnicas de estudio:

- Proponerle estrategias para organizar su tiempo y sus actividades, y para optimizar su trabajo.
- Estimularle a formularse preguntas: qué significado tiene, para qué sirve, cómo funciona, con qué está relacionado, a qué se parece, qué características presenta, cuándo ha ocurrido, dónde se ubica, cuál es la causa, cómo puede explicarse...
- Alentarle a buscar y encontrar respuestas, a resolver por sí mismo.

• Estimular la búsqueda de soluciones alternativas a los problemas.

• Animarle a investigar y descubrir. Fomentar y valorar su creatividad.

• Mostrarle la secuencia de actividades que puede facilitar y posibilitar un aprendizaje más sólido: visión global, lectura, subrayado, esquema, resumen, ejercicios y prácticas, memorización, repasos.

• Animarle a autoevaluar sus propios progresos en el aprendizaje.

Recursos:

• Posibilitar un espacio apropiado para el estudio: silencioso, organizado y espacioso, con un mobiliario, iluminación y condiciones ambientales adecuadas.

• Poner a su disposición materiales y herramientas de trabajo: libros, equipo informático, herramientas de trabajo.

• Mostrarle la utilidad de diferentes recursos para buscar información: diccionarios, manuales, Internet.

• Indicarle las posibilidades de utilización del laboratorio, salas informáticas.

• Acompañarle puntualmente a la biblioteca y mostrarle cómo puede hacer un uso adecuado de la misma.

Centro educativo, profesores y compañeros:

• Mantener contacto con el centro educativo, con el tutor, con los profesores.

• Mostrar interés, asistir y participar activamente en las reuniones periódicas que se convocan, o en entrevistas puntuales.

• Escuchar y hablar con nuestro hijo de sus impresiones, y de los problemas y dificultades que encuentra en el centro educativo con los profesores, los compañeros, las diversas actividades en las que participa.

• Mostrarle también otros posibles puntos de vista ante algún hecho que nos comenta, proporcionándole una orientación más positiva.

• Solicitarle soluciones, proponerle alternativas y apoyarle en la solución de las mismas.

• Poner el énfasis en los aspectos más positivos de sus profesores y del centro, evitando en lo posible las críticas. Apoyar y valorar la labor docente.

• Recibir positivamente las peticiones que realice el centro para actividades: disfraces, excursiones, visitas.

• Participar en la asociación de padres y madres de alumnos (AMPA), realizando propuestas y participando activamente en las actividades.

• Preguntarle e interesarnos por sus compañeros de clase.

• Intentar mantener algún contacto con ellos, charlando —por ejemplo— cuando coincidimos a la entrada o la salida del centro.

• Posibilitar que queden para estudiar y realizar juntos actividades tanto académicas como extraacadémicas, apoyando sus relaciones de amistad.

Actividades complementarias:

• Proponer juegos que desarrollen sus capacidades: percepción, motricidad, lógica, comprensión, memorización, análisis, síntesis.

• Programar actividades culturales, visitas a cines, museos, exposiciones, teatros, excursiones, viajes.

• Pedirle opinión sobre las actividades que más le gustaría realizar, de modo que pueda participar activamente en la elección y en las decisiones relativas a las mismas.

• Animarle a leer. Fomentar la lectura, poner a su disposición libros sobre diversas temáticas, especialmente aquellas que conectan con sus áreas de interés.

• Interesarnos por los libros que lee. Pedirle que nos cuente y nos explique el contenido de los mismos, escuchando su interpretación y su valoración personal.

• Proponerle actividades y proyectos adecuados a su edad y que le ayuden a consolidar sus aprendizajes.

• Favorecer sus aficiones personales (música, teatro, danza, manualidades, construcciones, deporte, colecciones, mascota). Se trata de actividades que requieren igualmente organización, dedicación, esfuerzo y responsabilidad.

• Diseñar y plantear actividades que desarrollen su creatividad: dibujar y representar gráficamente, anticipar o cambiar el final de una historia, buscar asociaciones entre objetos o situaciones, construir cosas con materiales diversos.

• Alentarle a participar en actividades de su centro escolar, tanto académicas como culturales y deportivas, de modo que constituyan un complemento pero no una sobrecarga (que podría terminar por estresarle).

Estímulo personal:

• Comentarle las ventajas de esforzarse y la satisfacción que se experimenta una vez que se ha conseguido el objetivo deseado.

• Ayudarle a clarificar sus objetivos personales y de aprendizaje, de modo que sean realistas pero ambiciosos. Orientarle para que los establezca adecuadamente, con plazos de ejecución, y de manera que pueda medir su cumplimiento, comprobando los logros parciales y su consecución final.

- Mostrarle nuestra confianza en su capacidad y transmitirle nuestra expectativa de que va a conseguir buenos resultados.
- Animarle a ser constante y a concluir aquellas actividades que inicie.
- Valorar y reconocer tanto su esfuerzo como sus resultados.
- Premiar, reforzar y recompensar su dedicación al estudio.
- Animarle a que él mismo se premie también por su trabajo.
- Reconocerle personalmente sus logros; hacerlos valer también comentándolos con personas cercanas al entorno familiar.
- Tranquilizarle cuando se encuentra con algún contratiempo o dificultad especial.
- Transmitirle la idea de que los errores y los fracasos también son oportunidades de aprendizaje.

Enseñar a programar el estudio

La programación del estudio es una de las herramientas de mayor utilidad para garantizar buenos resultados, y así debemos hacérselo saber a nuestros hijos. No se trata tanto de imponerles la programación como de convencerles de su utilidad y mostrarles las ventajas y posibilidades que ofrece. Deben saber que la mayoría de los proyectos salen adelante con éxito si han sido programados previamente de un modo adecuado: desde una excursión al campo hasta una importante obra de ingeniería.

Algunos estudiantes comentan que han intentado programarse en varias ocasiones pero que no han podido seguir su planificación y finalmente la han abandonado. Conviene hacerles saber que una programación es un plan de trabajo, una aproximación que inicialmente sirve de orientación y de guía, y que progresivamente deberá ir reajustándose y adaptándose con flexibilidad para asegurar su cumplimiento y eficacia.

Programar el estudio implica asignar tiempos a las diversas materias y actividades, contando con que parte de ese tiempo tendrá que dedicarse también a otras ocupaciones. Hay que anticipar también que pueden surgir ocasionalmente imprevistos que requieran de un ajuste puntual de lo planificado.

Una programación eficaz contempla la distribución de horarios en los siete días de la semana. Si eliminamos las horas que se dedican a dormir, las restantes actividades básicas que deberían programarse para cada uno de los días de la semana serían las siguientes:

- *Clase:* cuadro con los horarios de clase y las materias correspondientes.
- *Varios:* tiempo dedicado a aseo, vestirse, comidas, desplazamientos.
- *Estudio:* horas que se van a dedicar al estudio y a realizar las tareas escolares.
- *Ocio:* tiempo libre que se dedicará a las actividades de recreo, diversión, descanso.

Se podría añadir una quinta actividad en aquellos casos en que se esté realizando alguna tarea especial, como por ejemplo dar clases particulares.

Se puede realizar una tabla semanal que incluya los siete días de la semana en diferentes columnas, y a la izquierda las horas de cada día. Sobre esa tabla se puede ir asignando tiempo a las diferentes actividades, utilizando, por ejemplo, un color distinto para cada una de ellas.

Al programar de este modo, nuestro hijo podrá decidir cuántas horas tiene previsto dedicar al estudio cada uno de los días y conocer el tiempo total que va a asignarle durante la semana.

Probablemente no todas las materias y actividades requieran el mismo esfuerzo y dedicación. Una vez realizada la distribución diaria del tiempo de estudio, podrá decidir también cómo lo va a distribuir entre las diferentes asignaturas, ponderándolas en función de varios criterios:

- *Importancia* que otorga a cada asignatura, interés personal y de cara a sus estudios posteriores.
- *Dificultad* que le supone su aprendizaje, nivel de conocimientos previos necesarios, capacidad para abordar los contenidos.
- *Extensión* de la materia, cantidad de contenido que incluye, posibles trabajos y lecturas complementarias.
- *Examen*, en función de su dificultad o de la cercanía de la fecha del mismo.

Nuestro hijo puede realizar una primera aproximación y reflexión personal sobre estos aspectos. Puede ponderar los criterios anteriores, asignando —por ejemplo— puntuaciones de uno a diez para cada una de las materias. La suma de las cuatro puntuaciones con las que haya valorado una determinada materia le permitirá conocer el peso total asignado a la misma.

Al haber realizado previamente su programación semanal, ya conoce cuál es el número total de horas que va a dedicar al estudio durante la semana. Eso le permitirá dividir todo el tiempo disponible para el estudio entre las diferentes asignaturas, a partir del peso final que haya asignado a cada una de ellas. Tal y como vemos en el ejemplo posterior, la estrategia permite ajustar el tiempo que deberá dedicarles.

Otra de las herramientas que puede utilizar es el registro diario de los tiempos de estudio. Este registro facilita el autocontrol y le permite realizar un seguimiento del cumplimiento de sus objetivos. Le puede ayudar a determinar si su programación necesita algún ajuste.

En ese registro figurarán tanto las horas que tenía previsto estudiar como las que ha dedicado realmente al estudio, así como las materias sobre las que ha trabajado. Puede resultar muy motivador comprobar los logros y avances que se están consiguiendo. Y permite también confirmar si el tiempo real de estudio ha sido mayor, menor o igual al que tenía previsto inicialmente.

La hoja de registro puede incluir la siguiente información:

- Día del mes.
- Tiempo previsto para estudiar.
- Tiempo dedicado realmente al estudio.
- Tiempo dedicado a cada una de las asignaturas.
- Representación gráfica del tiempo dedicado al estudio.
- Cumplimento del objetivo.

Este tipo de registro nos permite también realizar un balance al final de cada mes y conocer el número total de horas mensuales de estudio, tanto las previstas como las reales, así como las asignadas a cada una de las materias. Si se dividen estos datos por el número de días del mes, es posible conocer igualmente los tiempos medios diarios.

Un ejemplo de cómo organizarse

Lo primero que debe realizar nuestro hijo es una programación semanal de sus actividades.

Horario	L	M	X	J	V	S	D
7							
8							
9							
10							
11			CLASES				
12							OCIO
13							
14							
15			VARIOS				
16							
17							
18			ESTUDIO				
19							
20							
21							
22							
23							
Horas de estudio: 28	4	5	4	5	3	4	3

En este caso, la programación que se ha elaborado contempla un total de 28 horas semanales de estudio.

El siguiente paso sería *ponderar* las diversas materias, asignándoles pesos —puntuaciones de uno a diez— para cada uno de los diferentes criterios, según su estimación personal. Así podrá decidir qué tiempo va a asignar a cada una de ellas. En este caso vamos a suponer, por ejemplo, que solamente tiene las siguientes seis materias:

MATERIAS	CRITERIOS				PUNTUACIÓN	TIEMPO
	Importancia	*Dificultad*	*Extensión*	*Examen*		
Conocimiento del Medio	6	4	6	7	23	5,2-5 h
Lengua y Literatura	7	5	7	7	26	5,9-6 h
Inglés	5	3	4	5	17	3,8-4 h
Matemáticas	9	2	6	9	26	5,9-6 h
Sociales	8	6	6	5	25	5,6-5,5 h
Educación Física	2	2	1	2	7	1,6-1,5 h
				Total	124	28

Al dividir el tiempo total semanal de estudio, 28 horas, entre la suma total de puntuaciones, 124 puntos, y al multiplicarlo por la puntuación final que ha obtenido cada una de ellas, obtiene una aproximación al tiempo que deberá dedicarles. La cifra obtenida puede redondearse, eliminando los decimales. Por ejemplo, a Conocimiento del Medio, que ha dado un resultado de 5,2 horas de estudio, puede dedicarle finalmente 5 horas semanales; 5,9 en el caso de Lengua y Literatura, se pueden ajustar a 6 horas semanales.

El siguiente paso sería distribuir esas horas entre las diferentes sesiones de estudio. Por ejemplo, puede decidir distribuir las cinco horas de Conocimiento del Medio de la siguiente forma: dos horas el martes, otras dos el jueves, que son los días en los que ve la materia en clase por la mañana, y una hora el sábado, que puede servir como revisión y repaso de los contenidos estudiados durante la semana, y para la preparación o lectura del tema siguiente.

Día	Tiempo previsto	Tiempo real	Asignaturas						Horas de estudio						Logro
			CM	LL	I	M	S	EF	1	2	3	4	5	6	< = >
1-L	4	3	1,5		1,5										<
2-M	5	4	2		0,5		1,5								<
3-X	4	4				1,5	2	0,5							=
4-J	5	5	2	2	1										=
5-V	3	4		1,5	1,5	1									>
6-S	4	4	1				2	1							=
7-D	3	4		1	1	2									>
8-L	4	…													
…															

En cuanto al registro diario del tiempo de estudio, puede ir cumplimentando los datos referidos al tiempo que tiene previsto para estudiar, el que dedica realmente y en qué asignaturas (indicadas con las iniciales o un código que permita identificarlas). La gráfica con las barras correspondientes a cada día sirve como referente visual. La comparación entre el tiempo previsto y el real le permite llevar un seguimiento del cumplimiento del objetivo inicial. Le muestra si su tiempo de estudio ha sido igual, mayor o menor al previsto inicialmente.

Capítulo XI
La educación en valores

Si hay luz en el alma, habrá belleza en la persona.
Si hay belleza en la persona, habrá armonía en la casa.
Si hay armonía en la casa, habrá orden en la nación.
Si hay orden en la nación, habrá paz en el mundo.
PROVERBIO CHINO

Una sociedad necesitada de valores

Éstos son tiempos de cierta confusión y desorientación en lo que a valores se refiere. Entre los jóvenes se acusa esta circunstancia. Es una época de contrastes, en la que probablemente destaca la cara más sombría. Aunque entre la juventud hay extraordinarios ejemplos de comportamientos éticos, lamentablemente éstos suelen tener menos repercusión mediática. Muchos jóvenes, por ejemplo, son muy tolerantes y solidarios, y se comprometen decididamente con causas humanitarias, dispuestos a participar como voluntarios en acciones dirigidas a ayudar al prójimo.

Sin embargo, aunque tenemos una juventud estupenda, llena de posibilidades y de energía, algo no se está haciendo adecuadamente en lo que a su educación se refiere. Algunos jóvenes nos están mostrando su lado más despiadado, insociable, cruel, destructivo e insolidario. Depende de nosotros el otorgarles un buen papel en sus vidas, transmitirles valores y principios que permitan hacer aflorar todo ese potencial positivo.

Los informativos nos asaltan puntualmente con noticias de menores de edad que agreden a indigentes, a compañeros, a animales. ¿Tienen algún motivo para hacerlo? En muchos casos no hay motivo. Sencillamente se divierten haciéndolo. No muestran la más mínima compasión, ni un solo atisbo de arrepentimiento posterior. Graban las escenas en su móvil para jactarse luego de sus actos. Muestran las imágenes a sus amigos, las envían en mensajes de móvil y las distribuyen por la Red. Todo ello con una frialdad, una insensibilidad y una falta de comprensión del sufrimiento ajeno que asustan.

Estos hechos son muy sintomáticos. Nos advierten de que la sociedad enferma por momentos. La educación puede ser el antídoto más eficaz. Los padres en el entorno familiar, junto a los profesores en el ámbito educativo, tienen en sus manos las principales medicinas y las vacunas más poderosas. Esta sociedad que nos hemos ido construyendo adolece claramente en la actualidad de algunos de los valores más básicos.

Parte de la juventud crece bajo los dictados de la *ley del mínimo esfuerzo.* Ésa es la triste realidad. Los medios de comunicación contribuyen de algún modo a ensalzar ese principio que está resultando tan perjudicial. Nos animan a diario a ser ricos y famosos, y a alcanzar el éxito «por la cara».

Algunos desafortunados programas de televisión nos proponen modelos que son, en la mayoría de los casos, superficiales, artificiales, extravagantes. Pero, sobre todo, vagos a más no poder, con una desvergüenza y una «jeta» impresionantes. En sus programas dan cabida a personajes que gritan, se insultan, mienten, estafan y viven del cuento. Y, lo que es peor, disponen de horas y horas en pantalla para poder hacerlo a sus anchas. Seres patéticos que alcanzan mucha notoriedad, pero cuya conducta pública está sirviendo de mal ejemplo. Existen en tanto que salen en pantalla, y las audiencias terminan por convertirlos en personajes de éxito. La conclusión lógica que se puede extraer de todo esto es que cualquiera puede obtener éxito y fama.

Debemos recuperar la idea de que el esfuerzo es algo necesario para conseguir aquello que se desea. En la mayoría de los casos se nos presenta el resultado, pero no se nos muestra el camino que se ha tenido que recorrer hasta llegar a él, la voluntad que se ha puesto y el trabajo que se ha realizado hasta alcanzar el éxito.

¿Qué quieren ser de mayores algunos jóvenes? ¿Futbolistas, modelos, actores, cantantes? Un futbolista puede firmar contratos multimillonarios, protagonizar anuncios publicitarios, disfrutar de varios deportivos de lujo. Eso es lo que ven y conocen nuestros jóvenes. Se sabe menos del trabajo que hay detrás, del esfuerzo que pueden suponer los entrenamientos y la preparación.

Esta escena contrasta con la escasa notoriedad, los limitados recursos para financiar sus proyectos y los relativos rendimientos económicos que obtienen muchas personas dedicadas a la investigación científica, por poner un ejemplo. Generalmente trabajan en la discreción y el anonimato, para aportar importantes progresos a la sociedad y a la ciencia.

Vende más lo fácil e inmediato. Se pone muy poco el acento en el esfuerzo, la constancia, el trabajo, la voluntad, la dedicación o la responsabilidad. Éstos deberían ser referentes educativos. Auténticas líneas directrices para la educación de los hijos.

Un retrato de la juventud

Diversos estudios realizados, sobre jóvenes mayores de quince años, nos ayudan a elaborar un retrato aproximado de la juventud de hoy y conocer algunos de sus valores y creencias principales:

Ocio

- Los jóvenes disponen aproximadamente de cuatro horas diarias de tiempo libre.
- Entre las aficiones principales está la música, quedar con sus amigos, ver la televisión, viajar e ir al cine.
- La gran mayoría —nueve de cada diez— dispone de teléfono móvil.
- Pasan conectados a Internet en torno a diez horas semanales.
- Dos terceras partes leen por término medio menos de cinco libros al año, y el hábito de la lectura parece seguir disminuyendo.
- Más de la mitad consume alcohol.

Creencias

- Los jóvenes destacan la importancia de sentirse bien en el plano espiritual.
- Creen que existe algo sobrenatural, pero no creen que haya una única religión verdadera.
- Se muestran tolerantes con las diferentes creencias religiosas.
- Dos terceras partes son católicos, pero no se consideran religiosos, y en su mayoría manifiestan no sentirse identificados con dichas creencias.

Valores

- Intentan disfrutar y vivir el presente.

- Piensan que la sociedad en la que viven exige ser competitivos.
- Muestran relativamente poco interés por la política, aunque mayoritariamente se declaran de centro-izquierda.
- Se manifiestan preocupados por los problemas sociales y participan en diversos movimientos u organizaciones.
- Están dispuestos a realizar actividades de voluntariado.
- En general, se muestran respetuosos con lo diferente.
- La mayoría considera que es muy importante recibir una educación que forme en valores.

Actitudes racistas y xenófobas

Donde hay educación no hay diferencias de clase.
CONFUCIO

Al igual que ocurre con la tolerancia y el respeto, en el seno del hogar también se respiran y se aprenden las actitudes racistas, intolerantes y xenófobas. Los comentarios sutiles, los chistes despectivos y las opiniones negativas sobre algunas noticias de los informativos van calando en la mente de los niños. El lenguaje que utilizamos inocula mensajes de los que posteriormente puede nacer el rechazo y el desprecio, o la aceptación de las diferencias.

Afortunadamente no somos iguales. No hay ni tan siquiera dos seres exactamente iguales sobre la tierra. Las diferencias nos enriquecen. De la propia diferencia es de lo que surge la vida.

Nuestros hijos deben comprender que no somos superiores o inferiores por razones de raza, sexo u otras características personales. Sencillamente somos diferentes. Ante todo, somos seres humanos.

Debemos posibilitar y potenciar el contacto de nuestros hijos con otros niños que presenten capacidades y características diversas. La convivencia con otras razas, el conocimiento de otros países, culturas, religiones y formas de vida, suele acabar con la miopía de «lo mío es lo mejor» o, lo que es peor, «lo mío es lo único».

El trasfondo de los cuentos

La educación es un método a través del cual
uno adquiere un grado superior de prejuicios.
LAURENCE PETER

Los cuentos y los dibujos animados, a la vez que entretienen, educan en cierto sentido. Las narraciones que presentan permiten a los niños entender algunas realidades, aprender el porqué de las conductas humanas y sus consecuencias. Las fábulas e historias que relatan van transmitiendo de forma sutil muchos valores.

Bajo la apariencia de cuentos inocentes, ciertos clásicos de los dibujos animados nos muestran historias cargadas de dramatismo. Algunos de ellos acercan a los niños la realidad de la muerte. No dejan de asombrar ni sus contenidos ni su capacidad para manejar los sentimientos y modelar la conducta. Resulta muy significativo el papel que desempeñan los padres en esas historias.

Merece la pena detenerse a comentar algunas pinceladas relevantes del contenido de algunas de las películas más conocidas de dibujos animados. Sin intención de profundizar en el trasfondo de cada historia, podemos contemplarlas desde una perspectiva educativa:

- *Pinocho:* el muñeco de madera al que le crecía la nariz cada vez que decía una mentira, y que se convierte en un niño de verdad por el amor de su padre. Desoye la voz de su conciencia, Pepito Grillo, y aprende una amarga lección al comprobar las nefastas consecuencias de su conducta irresponsable.
- *Blancanieves y los siete enanitos:* nos muestra la envidia por la belleza, el odio de una madrastra despiadada, y a una joven servicial, que friega y cocina para los enanitos trabajadores. El príncipe juega finalmente su clásico papel.
- *El Rey león:* en una escena, el hijo pone en riesgo su vida cuando desobedece al padre, que le reprende con firmeza y autoridad a la vez que con cariño. Le enseña las consecuencias que se han podido derivar de su conducta y le confiesa que ha tenido miedo de perderle. El padre es víctima de una trama urdida por su propio hermano para hacerse con el poder. La culpabilidad del cachorro le hace abandonar a su familia y evadir su responsabilidad.
- *La Cenicienta:* una joven abnegada que sufre el acoso constante de una madrastra malintencionada y perversa y de unas hermanastras movidas por la envidia.
- *Peter Pan:* la hermana mayor, en el papel de responsable, hace de madre de los hermanos más pequeños, en un país donde no hay adultos ni normas que deban ser cumplidas.
- *La Sirenita:* la hija, vigilada de cerca por el cangrejo confidente de su padre, desobedece a éste en su deseo de libertad.

El hecho de seguir su propio criterio, en busca de independencia, le lleva finalmente a obtener su recompensa.

• *La Dama y el vagabundo:* la relación entre dos perros procedentes de entornos muy diferentes (los barrios marginales y la casa acomodada de una familia de clase media-alta de la ciudad). El golfo muestra su valor, se reeduca, sienta la cabeza y se integra finalmente en el hogar de la dama.

• *Mary Poppins:* institutriz que llega nueva a una casa, para poner orden en la educación de los niños y hacer respetar ciertas normas. Les dedica el tiempo y la atención que estaban necesitando.

• *Dumbo:* un pequeño elefante que es objeto de burlas por su peculiaridad física, a la que acaba sacando partido cuando consigue creer en él mismo y en su capacidad. La separación de su madre, encerrada en una jaula, resulta especialmente dramática.

Al analizar las historias que los cuentos y las películas proponen a los niños, resulta interesante observar el papel que desempeñan los padres en la historia: si están presentes o ausentes, cómo es su relación con el hijo, qué resultados obtienen los personajes con sus diferentes formas de actuar, etc.

Los cuentos introducen una cierta carga educativa. Nos muestran cómo se afrontan los conflictos, la forma en que se resuelven las injusticias, quiénes son los «buenos» y los «malos» de la historia, el rol que se asigna a cada sexo (la mujer en muchos casos desempeñaba un papel sumiso y frágil, mientras el hombre aparecía como el héroe salvador).

Después de leer el cuento o ver la película con nuestro hijo, podemos aprovechar para comentar con él los contenidos y hacer una reflexión sobre la historia que plantea. Esto nos da la opción de revisarla y ver cómo ha sido interpretada. Tenemos también la posibilidad de recrearla, inventando incluso un nuevo final.

Ver con nuestros hijos las películas y poder comentarlas nos permite «terminarlas». Podemos ajustar sus mensajes, acotar su dramatismo, acercarlas a nuestra realidad. Las historias que plantean nos ofrecen enseñanzas que pueden aprovecharse positivamente, permitiendo la interiorización de valores y actitudes positivas.

Los valores humanos

La meta final de la verdadera educación no es sólo hacer que la gente haga lo que es correcto, sino que disfrute haciéndolo; no sólo formar personas trabajadoras, sino personas que amen el trabajo; no sólo individuos con conocimientos, sino con amor al conocimiento; no sólo seres puros, sino con amor a la pureza; no sólo personas justas, sino con hambre y sed de justicia.

JOHN RUSKIN

En un sentido amplio se habla de valores para referirse a cualidades positivas, principalmente intelectuales y morales.

Los seres humanos establecemos una especie de jerarquía de principios éticos y morales a partir de la cual configuramos nuestra propia escala de valores. Damos más prioridad y otorgamos más importancia a unos valores que a otros.

¿Nos hemos parado alguna vez a pensar cuáles son los valores más importantes para cada uno de nosotros? ¿Son esos mismos valores los que desearíamos transmitir a nuestros hijos? ¿Cómo intentamos transmitírselos?

Una vez que hemos elegido aquellos valores que consideramos más importantes, podemos dirigir nuestra reflexión hacia la forma en que debemos educar en ellos a los hijos. Muchos de nuestros comportamientos pueden ayudar a transmitírselos.

Veinte valores fundamentales

La sociedad paga bien caro el abandono en que deja a sus hijos, como todos los padres que no educan a los suyos.
CONCEPCIÓN ARENAL

Nuestro hijo alcanzará mayor equilibrio y satisfacción consigo mismo en la medida en que encuentre que su conducta y su forma de vivir son coherentes con aquellos valores que ha ido adquiriendo y desarrollando a lo largo de su vida, especialmente durante la infancia.

Debemos potenciar cualidades positivas en nuestros hijos. En la interacción con los padres, a la vez que se va modelando la conducta, se van inculcando valores humanos, personales y sociales. Algunos de ellos pueden tener una relevancia especial por su importante repercusión tanto para el bienestar personal como para una convivencia más sana y equilibrada.

A continuación se plantea una breve reflexión sobre veinte valores que ocupan un lugar especialmente destacado entre los mencionados anteriormente.

Como padres podemos enseñarles y ayudarles a descubrir el valor de:

• La *familia*: como valor fundamental y punto de partida del desarrollo individual y social. Es un espacio de encuentro y

Aceptación	Competitividad	Ejemplaridad	Humor	Normas	Sabiduría
Afectividad	Comprensión	Elegancia	Ideales	Obediencia	Salud
Alegría	Compromiso	Empatía	Identidad	Ocio	Seguridad
Altruismo	Comunicación	Emoción	Igualdad	Optimismo	Sencillez
Amabilidad	Confianza	Entusiasmo	Ilusión	Organización	Sensibilidad
Ambición	Conocimiento	Equilibrio	Imaginación	Originalidad	Serenidad
Amistad	Constancia	Escucha	Independencia	Paciencia	Sexualidad
Amor	Cooperación	Esfuerzo	Individualidad	Participación	Sinceridad
Aprecio	Cordialidad	Esperanza	Iniciativa	Patriotismo	Sociabilidad
Aprendizaje	Creatividad	Espiritualidad	Innovación	Paz	Solidaridad
Armonía	Criterio	Estabilidad	Integración	Perfección	Superación
Austeridad	Crítica	Ética	Integridad	Perseverancia	Templanza
Autenticidad	Cultura	Éxito	Inteligencia	Personalidad	Tenacidad
Autocontrol	Deber	Familia	Intuición	Piedad	Ternura
Autoestima	Decisión	Fe	Inventiva	Placer	Tesón
Autonomía	Delicadeza	Felicidad	Justicia	Poder	Tiempo
Autoridad	Derecho	Firmeza	Juventud	Prestigio	Tolerancia
Autorrealización	Diálogo	Flexibilidad	Laboriosidad	Profesionalidad	Trabajo
Ayuda	Dignidad	Formación	Lealtad	Prudencia	Tradición
Belleza	Diligencia	Fortaleza	Libertad	Racionabilidad	Trascendencia
Bondad	Diplomacia	Generosidad	Madurez	Realismo	Unión
Calma	Disciplina	Gratitud	Magnanimidad	Resistencia	Urbanidad
Caridad	Discreción	Habilidad	Misericordia	Respeto	Valentía
Civismo	Disponibilidad	Higiene	Modestia	Responsabilidad	Verdad
Coherencia	Diversión	Honradez	Moral	Riesgo	Vida
Colaboración	Dulzura	Hospitalidad	Motivación	Riqueza	Vocación
Compartir	Educación	Humanidad	Naturalidad	Reflexión	Voluntad
Compasión	Eficacia	Humildad	Negociación	Religiosidad	...

acogida, de ayuda mutua y apoyo incondicional, donde poder aprender, desarrollar nuestra confianza básica y encontrar seguridad y amparo.

• El *respeto:* la convivencia sólo es posible desde el reconocimiento, la comprensión y la aceptación de los demás, de sus formas de ser, pensar y actuar, aun cuando difieran de las nuestras. Implica valorar las diferencias, respetar aquellos bienes que no nos pertenecen, tratar a nuestros semejantes con dignidad y tener también consideración hacia uno mismo. Hay que educar a los hijos en el respeto a los demás y, lo que puede ser más importante, en el respeto hacia sí mismos.

• La *amistad:* el afecto personal y mutuo que nace del trato con los amigos y que se puede alimentar desde la confianza, la fidelidad y la lealtad.

• La *cooperación:* la importancia de trabajar juntos para lograr objetivos comunes, metas compartidas. Saber participar en el equipo como uno más.

• La *alegría:* cultivar el sentido del humor, la sonrisa, la risa. Aprender a contentarse y disfrutar de las pequeñas cosas, a encontrar la satisfacción y el gozo desde el optimismo.

• La *sinceridad:* descubrir el valor de la verdad, de lo auténtico. Hablar con franqueza, con claridad. Eso implica rechazar el engaño, la mentira y el ocultamiento en nuestra comunicación con los demás.

• La *coherencia:* pensar, hablar y actuar conforme a nuestros principios, mostrar congruencia, ser capaces de cumplir la palabra dada.

• La *empatía:* desarrollar la capacidad de entender cómo piensan y sienten los demás, aprender a ponerse en su lugar para comprender su punto de vista, su visión personal.

• La *educación:* tratar a los demás con cortesía y civismo, aceptando y cumpliendo las normas que nos hemos establecido para hacer posible la convivencia.

• La *justicia:* un valor esencial que nos mueve a actuar en conciencia, con sentido de la equidad y del equilibrio. Debemos procurar dar o intentar tratar a cada persona según le corresponde, como individuo único que es.

• La *solidaridad:* ayudar a los demás, a los compañeros que tienen dificultades, a aquellas personas que presentan alguna limitación o discapacidad, a quienes sufren la adversidad o la enfermedad. Esta actitud comporta asumir una corresponsabilidad sobre las causas de otros en tanto que son seres humanos igual que nosotros.

• La *generosidad:* vinculado a la solidaridad y a la bondad; ser capaces de dar sin esperar nada a cambio, sin que los actos se vean movidos por el interés, sino por el deseo de dar.

• La *bondad:* la inclinación a hacer el bien a los demás, a actuar con humanidad, con buena voluntad. Educar para que nuestro hijo sea, como se dice coloquialmente, buena persona.

• La *honradez:* actuar con los demás con integridad, con nobleza y sentido del honor, procurando que nuestros comportamientos estén regidos por la conciencia moral.

• La *libertad:* implica la posibilidad de manifestar y defender nuestras opiniones, de decidir voluntariamente lo que queremos pensar o creer, decir o hacer. Se consigue a partir del respeto a las normas de convivencia, pero también desde el reconocimiento y el respeto a la libertad de los demás.

• La *responsabilidad:* es un valor estrechamente ligado a la libertad; conlleva la aceptación de las consecuencias que se derivan de nuestras acciones decididas y realizadas libremente.

Implica poner especial cuidado y atención en nuestros actos, porque debemos responder por ellos.

• El *trabajo:* valorar la importancia de estar activos, de producir, de construir, de crear. Las mejores obras surgen de la dedicación, el esmero y el esfuerzo. El trabajo dignifica a los seres humanos.

• La *ilusión:* vivir con una actitud positiva, motivados, con la esperanza de conseguir aquello que deseamos, confiando en que podemos alcanzar nuestros objetivos.

• La *voluntad:* el ánimo personal y la resolución propia para hacer las cosas con ganas, con gusto, queriendo hacerlas. Ejercer nuestra facultad para decidir y actuar por nosotros mismos, sin que medie un impulso externo que nos presione a hacerlo.

• La *constancia:* aprender que la firmeza en los propósitos y la tenacidad en los proyectos conducen al éxito. Los resultados son casi siempre fruto de la perseverancia. Ante el fracaso, podemos seguir intentándolo, probar una y otra vez mejorando en cada nuevo intento, hasta alcanzar el objetivo.

¿Educamos en valores?

Cargan con nuestros dioses y nuestro idioma,
nuestros rencores y nuestro porvenir…
Les vamos transmitiendo nuestras frustraciones
con la leche templada y en cada canción.
JOAN MANUEL SERRAT («ESOS LOCOS BAJITOS»)

Los valores humanos están presentes en los diferentes ámbitos de nuestra vida. Se reflejan en la sociedad, en la cultura, en la ciencia, en el arte, en la historia. Los cimientos sobre los que se construyen los criterios ideológicos, religiosos o políticos están elaborados a partir de toda una serie de principios éticos y morales.

Desde que nacemos, especialmente en la infancia y en las diversas etapas del desarrollo, se van conformando valores que dan sentido a nuestras vidas. El compromiso, la tolerancia, la igualdad, la ecología, la paz... todos ellos se aprenden y se van interiorizando en el día a día, en el ámbito del hogar y en nuestras relaciones con los demás.

Los valores se transmiten con el ejemplo y se deben ver reflejados de un modo especial en el entorno más cercano, en la relación con la familia, con los amigos, con las personas más próximas. No es necesario irse muy lejos para encontrar oportunidades de ponerlos en práctica. Nuestro hijo puede:

- Ayudarnos a realizar parte de las tareas domésticas, cooperando, compartiendo y haciendo más llevadera la carga de trabajo que suponen.
- Atender y acompañar a algún miembro de la familia (generalmente alguno de los abuelos) que padece limitaciones físicas y sensoriales importantes y no puede valerse por sí mismo.
- Acompañar y animar a algún amigo que ha sufrido un fuerte revés emocional tras la pérdida de un ser querido, o que se encuentra atravesando una crisis personal.
- Apoyar y enseñar a un compañero de clase que tiene dificultades para superar una asignatura.
- Ayudar a algún vecino que regresa de un viaje o de la compra cargado con bolsas y maletas.
- Ceder el asiento en el transporte público a una persona mayor o a una mujer embarazada.

En ocasiones intentamos transmitir valores a nuestros hijos que entran en colisión con la realidad, a veces precisamente con la más inmediata. El choque más negativo lo pueden encontrar si nosotros, como padres, no somos un ejemplo de esos valores que intentamos transmitir.

Por otra parte, les educamos en la no violencia, pero pueden ser objeto de agresión en el parque, en el colegio, en la calle. Les inculcamos la necesidad de respetar lo ajeno, pero les advertimos que deben andarse con cuidado para que no les roben. Podemos enseñarles el valor de la vida, pero son testigos, a través de los informativos y especialmente de la televisión, de las consecuencias de continuos bombardeos o atentados terroristas que hay por todo el mundo.

Los hijos deben aprender y desarrollar valores, por ellos mismos y por los demás. Y saber que con su conducta pueden contribuir de forma decisiva a construir una sociedad y un mundo mejores.

Resulta prioritario educar en *la igualdad y el respeto entre sexos.* Hay que desarrollar en ambos actitudes, comportamientos y competencias que han sido relegadas y asignadas en otros tiempos a uno u otro a partir de criterios sexistas. El desarrollo personal integral implica el despliegue de todo el potencial y las capacidades individuales con independencia del sexo de la persona.

Aunque todavía queda camino por recorrer en esa dirección, afortunadamente la sociedad ha cambiado mucho en las últimas décadas. La mujer dejó de estar relegada a un segundo plano y ha pasado a ocupar también puestos de responsabilidad donde puede ejercer un liderazgo que antes parecía reservado exclusivamente a los hombres. La sensibilidad y la expresión de la afectividad son manifestaciones que en otras épocas se consideraban inadecuadas en el sexo masculino, y hoy se entienden como algo natural y se valoran positivamente.

Por otra parte, la realidad social nos muestra cómo las *diversas culturas* se entremezclan y conviven, se integran, se enriquecen mutuamente. Actualmente hay todo un abanico de razas, religiones y culturas que pueden cohabitar desde el respeto y la aceptación de las diferencias. Debemos enseñar a nuestros hijos a valorar esa diversidad y a aprovechar la posibilidad de enriquecimiento mutuo que ofrecen.

El descubrimiento de las maravillas de la naturaleza y la necesidad de la conservación y el respeto por el medio ambiente son aprendizajes tan necesarios como los de cualquier otra materia. Los hijos deben saber que hemos recibido un importante legado, que debemos respetar y cuidar para las futuras generaciones. Nuestra conducta debe ser ejemplar también en este sentido, empezando por la utilización adecuada de los recursos naturales y colaborando en las acciones que facilitan su reciclaje.

Aunque la educación en valores reciba un importante apoyo en los centros educativos, será nuestra conducta, y la coherencia de ésta con nuestros valores y principios, la que servirá de guía, de punto de referencia. Como sabemos, aprenderán menos de nuestras palabras y de las charlas que podamos darles, y mucho más de nuestros actos, de nuestro comportamiento y de nuestro ejemplo.

En nuestro papel como padres deberíamos reflexionar sobre algunas *cuestiones*:

- ¿Dedicamos tiempo suficiente a compartirlo con la familia?
- ¿Manifestamos cariño y respeto hacia nuestra pareja?

- ¿Somos justos con nuestros hijos e intentamos tratarles con equidad?
- ¿Atendemos y tratamos con respeto y afecto a los abuelos?
- ¿Cuidamos nuestras relaciones de amistad?
- ¿Ayudamos a nuestros vecinos?
- ¿Nos relacionamos con personas de otras razas y culturas?
- ¿Participamos activamente en acciones solidarias?
- ¿Cuidamos y tratamos bien a los animales y a la naturaleza?
- ¿Separamos los residuos para facilitar su reciclaje?
- ¿Aprovechamos los objetos que todavía están en uso antes de tirarlos?
- ¿Nos mostramos respetuosos y educados con los demás?
- ¿Respetamos nuestro turno cuando vamos a comprar?
- ¿Cedemos el paso y el asiento?
- ¿Conducimos sin exaltación y respetando las normas de tráfico?
- ¿Advertimos al dependiente que por error nos ha dado el cambio a nuestro favor?
- ¿Intentamos localizar al dueño de un objeto encontrado para devolvérselo?
- ¿Mostramos ilusión y motivación en nuestras actividades y proyectos?
- ¿Ponemos dedicación, voluntad, esfuerzo y constancia en nuestro trabajo?
- ¿Nos mostramos habitualmente alegres y optimistas?

Todo eso nos ayuda a educar en valores.

Capítulo XII
Educar hoy

Educar*

Educar es lo mismo que poner un motor a una barca...
hay que medir, pensar, equilibrar...
... y poner todo en marcha.
Pero para eso uno tiene que llevar en el alma
un poco de marino... un poco de pirata...
un poco de poeta...
y un kilo y medio de paciencia concentrada.
Pero es consolador soñar mientras uno trabaja,
que ese barco, ese niño irá muy lejos por el agua.
Soñar que ese navío llevará nuestra carga de
palabras hacia puertos distantes, hacia islas lejanas.
Soñar que cuando un día esté durmiendo
nuestra propia barca, en barcos nuevos seguirá
nuestra bandera enarbolada.

Gabriel Celaya

Nuevos modelos de familia

La familia es la institución social más universal. Constituye la unidad primaria sobre la que la sociedad sustenta su organización. Sin embargo, se trata de un grupo social que en la actualidad resulta algo más difícil de definir; puede estar constituido

* Reproducido con autorización de Amparo Gastón.

por personas unidas por vínculos de sangre, por el matrimonio, la adopción, la convivencia.

Como características básicas de la familia cabe destacar la residencia común, la cooperación en el ámbito económico, las relaciones afectivas, la reproducción y el cuidado, crianza y socialización de su descendencia.

¿La familia está en crisis? Pese a los cambios que se han ido detectando en los últimos años no podemos afirmar que la familia esté en crisis. Continúa siendo la institución primaria de socialización. Lo que sí observamos es que, según avanzan los tiempos, presenta formas cada vez más complejas, fruto de la propia evolución de la sociedad. Resulta evidente que el grupo humano de convivencia más básico ha ido modificando su estructura.

Su configuración ha cambiado a lo largo del tiempo, dando lugar a diferentes modelos o tipos básicos de familia:

- *Familia unipersonal:* se trata de hogares en los que solamente vive una persona. En el pasado estos hogares solitarios surgían mayoritariamente de personas mayores que enviudaban. En la actualidad los constituyen también jóvenes que se independizan, que rechazan o retrasan su unión en pareja, personas separadas o divorciadas.
- *Familia de núcleo estricto:* son aquellas familias constituidas únicamente por la pareja, que convive sin presencia de hijos u otros familiares en el hogar. Pueden ser parejas de recién casados, o bien parejas que no desean o no pueden tener hijos, o matrimonios mayores cuyos hijos han partido ya del hogar familiar. Cuando se da esta última circunstancia, en algunos casos terminan constituyéndose en familias de «abuelos acogedores». Se trata de abuelos que terminan por responsabilizarse

de sus nietos, de forma temporal o definitiva. Esta situación puede estar motivada por el divorcio, fallecimiento o ausencia de uno o ambos progenitores, o en algunos casos en que los padres son adolescentes.

- *Familia nuclear:* es la unidad familiar más básica, formada por la pareja y los hijos. La sociedad ha avanzado en el reconocimiento de las parejas del mismo sexo, en las que también se contempla la posibilidad de la adopción.
- *Familia extensa:* compuesta por varias generaciones; abuelos, padres, hijos, nietos. Es un tipo de familia muy poco frecuente en la actualidad, especialmente en entornos urbanos.
- *Familia troncal:* se trata de aquella familia que está compuesta por ambos progenitores, uno de los hijos junto con su pareja y la descendencia de éstos.
- *Familia monoparental:* son aquellas en las que convive un solo progenitor con su descendencia. En el pasado se originaban habitualmente por el fallecimiento de uno de los progenitores, pero hoy es más frecuente, motivada por el incremento de las rupturas de pareja, las madres solteras, personas que sin convivir en pareja se deciden por la adopción.
- *Familia de tejido secundario:* se trata de hogares constituidos por parejas en las que uno o ambos miembros de ésta proceden de rupturas con una pareja anterior, e incorporan a la nueva familia hijos procedentes de su anterior relación. Su presencia en la actualidad va en aumento.

Compartir los papeles

En las últimas décadas tanto los hombres como las mujeres hemos avanzado mucho en la línea de compartir las responsabilidades de la educación de los hijos. En general, hoy en día los hombres encuentran más facilidad para mostrar y expresar emociones, afectividad, cariño, ternura... Y comprobar, además, que todo eso no está reñido con la autoridad.

No resulta excepcional ver a los hombres llevar a sus hijos al parque, o encontrarlos en el pediatra o en las reuniones del colegio. Hoy, afortunadamente con toda naturalidad, les dan el biberón o la papilla, les cambian los pañales, les bañan y les visten, juegan con ellos, les cuentan cuentos.

Muchos hombres coinciden en recalcar que el papel más importante que pueden desempeñar en sus vidas es el de padre. Su implicación, participación y aportación resultan esenciales. Su contribución al desarrollo de la personalidad del niño es muy importante.

Los roles de ambos progenitores son necesarios. Deben estar equilibrados y complementarse entre sí. Sus papeles deben poder desarrollarse desde la coherencia, la inclusión y el apoyo mutuo. Algunos padres caen en el error de utilizar la exclusión o la descalificación, lo que indirectamente también les desautoriza a ellos mismos.

La participación de los abuelos

En ocasiones, la labor del cuidado y educación de los hijos es también compartida por los abuelos. Los padres delegan en ellos parte de esta función por razones diversas. En algunos casos por convivencia en el domicilio familiar. En otros, por el natural deseo propio de los lazos familiares. En bastantes ocasiones, forzados por las incompatibilidades propias de su actividad laboral, en cuanto a horarios y vacaciones escolares.

Sorprende ver el cambio de criterio de algunos abuelos respecto a las pautas educativas que aplicaron con sus propios hijos. Con los nietos parecen haberlas corregido o actualizado. Tienden en algunos casos a mimarles y a consentirles, contra el criterio de los padres. Si es necesario que entre ambos progenitores exista acuerdo acerca de las pautas educativas, igualmente importante es la coherencia de los criterios de los abuelos con los de los padres.

Los abuelos deben comprender y respetar que es a los padres a quien corresponde la autoridad y la responsabilidad educativa de los nietos. Aunque con un cierto margen de flexibilidad, deben seguir con rigor las pautas y directrices marcadas por los padres. Si el niño se encuentra con normativas contradictorias o «vacíos legales», intentará colar por ellos sus demandas. Aun cuando pudiera conseguirlo, terminaría desorientado, la autoridad de los padres quedaría en entredicho y probablemente surgirían conflictos entre éstos y los abuelos. Las discusiones sobre el tema terminan a menudo en un distanciamiento no deseable.

Sin menoscabo de la competencia y valiosa experiencia de los abuelos, hay que recordar que los padres son los padres y que no se les debe despojar de ese papel y esa responsabilidad.

El respeto hacia los mayores

En este punto, conviene mencionar un aspecto esencial. Los hijos observan y aprenden de las relaciones que mantienen sus padres con sus respectivos progenitores. Con el tiempo es probable que los hijos se casen y tengan descendencia. A los padres les corresponderá en ese momento desempeñar el papel de abuelos.

Cabe formularse algunas cuestiones cuyas respuestas pueden ayudarnos a entender y a acercarnos al punto de vista de los abuelos:

- ¿Cómo nos gustaría entonces que nos tratasen nuestros hijos?
- ¿Desearíamos ver con frecuencia a los nietos?
- ¿Nos gustaría que se tuviese en cuenta toda nuestra experiencia anterior como padres?
- ¿Puede ser la rigidez en la aplicación estricta de las normas por parte de algunos padres consecuencia de cierta inexperiencia?
- ¿Tal vez el hecho de consentir a los nietos en ocasiones puntuales, o de relajar de algún modo las normas, forma parte de un rol necesario?
- ¿Tienen los abuelos una perspectiva que probablemente sólo dan los años?

La valiosa labor, a veces dura y abnegada, que realizan muchos abuelos con sus nietos es encomiable. Los nietos dan un nuevo sentido a sus vidas y llenan la casa de alegría.

Los mayores merecen un reconocimiento por toda una vida de esfuerzo y dedicación. Una cultura que no respeta a sus mayores es propia de una civilización enferma, de una sociedad en crisis.

Hablamos de valores, y aquí tenemos uno primordial que se aprende en el entorno familiar. Poco podemos enseñar a nuestros hijos al respecto si en nuestra propia familia no constatan el respeto de los hijos hacia sus padres, y el necesario cuidado y atención de las necesidades de las personas mayores. Algunos de ellos están enfermos, afectados también por enfermedades degenerativas, dependientes, con diversas limitaciones y grados de discapacidad.

La solidaridad se enseña con el ejemplo, con nuestros actos. Las palabras caen en vacío sin el necesario respaldo de los hechos. Es verdad que podemos ir a realizar labores humanitarias a miles de kilómetros, pero no podemos perder de vista nuestro entorno más cercano.

Sumidos en la vorágine del día a día, a veces nos cuesta tomar conciencia de la importancia de una cuestión tan evidente como cercana: aparte de que tienen mucho que aportarnos, los abuelos necesitan de nuestro apoyo y nuestra ayuda. Han perdido facultades, memoria, capacidad visual y auditiva, movilidad. Están más necesitados de afecto y compañía de lo que algunos podrían llegar a imaginar.

Los hijos no sólo observarán nuestro comportamiento, sino que probablemente participarán igualmente de esas atenciones y cuidados especiales.

Conciliar familia y trabajo

A veces da la sensación de que ser padres es una tarea extremadamente ardua y complicada. Algunos padres le sacan verdadero partido al día: llevan a los niños al colegio, van a trabajar, de camino a casa recogen a sus hijos, resuelven algunas cuestiones caseras, hacen la compra, atienden el aseo y la alimentación de los hijos, les ayudan en los deberes, les llevan al parque, juegan con ellos.

Con auténtica dedicación sacan adelante su proyecto de vida personal y familiar con esfuerzo, valentía, coraje y optimismo. Su labor, a veces silenciosa y abnegada, merece un verdadero reconocimiento. No sólo se han limitado a poner la semilla, sino que han sabido preparar también el terreno. Se han ocupado de abonar, regar, podar, proteger, guiar, y en general, salvo que unas condiciones climáticas muy adversas lo impidan, verán los frutos de su esfuerzo a medio y largo plazo.

Son necesarias más ayudas a las familias para que puedan tener y educar adecuadamente a los hijos. Se está intentando avanzar en la conciliación de la vida familiar y laboral, pero queda aún mucho por hacer en este sentido. Resulta difícil para muchos padres, cuando no imposible, responder adecuadamente a ambas cosas. Existe una importante limitación del tiempo disponible para el cuidado, atención y educación de los hijos.

Actualmente se pone mucho énfasis en la importancia de la calidad de esa relación, como alternativa para compensar la disminución del tiempo disponible, pero ese trato, contacto y roce diarios, ese tiempo compartido lleno de pequeñas cuestiones cotidianas, es necesario, en tanto que permite ir construyendo una verdadera relación entre padres e hijos.

El bálsamo del hogar

La cantidad de tiempo que pasan juntos los miembros de la familia, unido a la calidad y variedad de las experiencias compartidas, son elementos positivos de unión y cohesión. El grado de bienestar, armonía y satisfacción que experimentamos en el hogar, aparte de ser una contribución especial para el equilibrio personal, se refleja en los demás ámbitos de nuestra vida.

En la sociedad actual algunos padres viven angustiados, cargados de ansiedad, estresados, agotados. Su bienestar o malestar se refleja en las relaciones que establecen, externas a la familia.

Algo similar ocurre con los hijos. El nivel de satisfacción que experimentan en el ámbito familiar repercute también fuera de casa, en el colegio y con sus amigos.

Y, del mismo modo, el grado de satisfacción de unos y otros en sus respectivos contextos externos —laboral, académico, social— ejercerá su influencia en al ámbito familiar. Al igual que los padres pueden estar más o menos satisfechos con su trabajo y su situación laboral, los hijos reflejarán en casa la relación más o menos positiva que mantengan con su grupo de amigos y con su entorno escolar. Cuando unos y otros regresan a casa, a veces resulta difícil dejar los problemas aparcados fuera.

Podemos encontrar en el hogar un espacio hostil, lleno de incomprensión, donde reina el recelo, la desconfianza, el temor y el silencio. Un entorno serio e individualista, dispuesto a lanzar la crítica y el reproche en cualquier momento. Es triste, pero así lo describen y lo viven algunos niños.

Y, a la inversa, la familia puede convertirse en un bálsamo ante las dificultades, un núcleo receptivo con el que poder compartir nuestras experiencias vitales, un entorno de confianza, complicidad, alegría, comprensión y apoyo.

La poderosa televisión

Encuentro la televisión muy educativa.
Cada vez que alguien la enciende me retiro
a otra habitación y leo un libro.
JULIUS «GROUCHO» MARX

Recuerdo una escena de la conocida serie de dibujos animados *Los Simpsons* en la que el hijo le comenta a su padre algo así como: «Entiéndeme, papá, ¿a quién voy a creer más, a ti a o la televisión, que tanto ha invertido en mi educación?».

La televisión es un cotidiano y poderoso electrodoméstico que ocupa un lugar importante en el día a día de muchos niños y jóvenes. Se ha multiplicado en muchos hogares, que disponen de varias televisiones repartidas por la casa.

Esa hacedora y deformadora de realidades, que criba noticias, adormece sensibilidades, y que anestesia y homogeneiza criterios, tiene reservado para ella sola un lugar privilegiado en el salón de la mayoría de las casas.

Capta nuestra atención con su bombardeo de sensaciones e imágenes cambiantes. Y los encargados de la programación lo saben. La lucha por las audiencias ha hecho aumentar el número de programas que cambian continuamente de estímulos: un fragmento, una escena llamativa, una imagen sorprendente, una situación jocosa, el fallo, la toma falsa. Los menores quedan fascinados ante tanta variedad, entretenidos en lo banal o anecdótico, sin necesidad ni ganas de sumergirse en más profundidades.

A excepción de puntuales canales y programas, tenemos una televisión vulgar y sórdida. Transmite a nuestros hijos pocos valores, y bastante distorsionados. Sus propuestas principales son: consume, disfruta, descansa. Lo da todo hecho. Presenta un mundo ficticio que los menores se encargan de imitar y trasladar a sus conductas, su lenguaje y sus decisiones.

Esa pequeña pantalla, que cada vez se va haciendo mayor en tamaño y presencia, ofrece un continuo *reality show* del que ir «aprendiendo». La ficción y la realidad se confunden. Mientras las noticias empiezan a resultar increíbles, las películas muestran imágenes que ya entran dentro de lo posible. Educamos para la paz y la no violencia, pero las guerras y las injusticias entran a diario en el salón de casa por esa especie de ventana indiscreta siempre abierta.

La programación infantil está aderezada en algunos casos con anuncios y escenas de películas de adultos. Se utiliza ese horario infantil para hacer publicidad de las mismas, usando para ello las imágenes menos adecuadas para los niños. Y cuando no es así, como vemos claramente cuando se acercan las fiestas de Navidad, se les muestra toda una variedad de juguetes que se suceden uno tras otro, como si se tratase de un incesante catálogo.

De todos modos, de aquella primera época de la televisión en la que los dos rombos llevaban a los niños a la cama, se ha pasado en la actualidad a que sean éstos los que manejen a su gusto el mando a distancia y seleccionen los canales y programas que hay que ver, en una televisión que está casi continuamente encendida en el salón. Eso si no la tienen ya en su cuarto.

Algunas orientaciones para «ver la tele»

Los hijos necesitan algunas directrices y pautas claras para hacer un uso adecuado de la televisión. No es razonable «ver lo que pongan» y, menos aún, «verlo todo». Debemos proporcionarles criterios de selección y valoración de los contenidos.

Proponemos algunos consejos que pueden contribuir a hacer un uso más adecuado de la televisión:

• Conviene conocer las *preferencias* de nuestros hijos y ajustarse en lo posible a las mismas, siempre y cuando consideremos que resultan adecuadas para su edad y por los contenidos que incluyen. Podemos elegir programas de deportes, dibujos animados, series, documentales, con arreglo a sus predilecciones.

• Debemos estimar un *tiempo* adecuado, que no resulte excesivo ni reste tiempo a otras tareas. Las horas de visionado pueden variar dependiendo de si se trata de un día lectivo, un día especial, durante el fin de semana, o en el periodo de vacaciones. En cualquier caso, no es conveniente que un niño pueda estar toda una mañana o toda una tarde sentado frente al televisor.

• Hay que establecer un *horario* oportuno, con arreglo a su edad, que sea compatible con otras actividades (tiempo de estudio, comidas, horario para irse a la cama). Podemos intentar que coincida con aquellos programas que más le gustan. Los más pequeños no deberían estar viendo la televisión por la noche. Sin entrar en el tema de los contenidos probablemente inadecuados, a algunos chicos se les permite quedarse hasta bien avanzada la noche, con lo que arrastran el consiguiente cansancio y bajo rendimiento al día siguiente en el colegio.

• Podemos seleccionar aquellos *contenidos* que sean más educativos y que introduzcan un complemento de educación en valores. En muchos casos es posible y sencillo conjugar el entretenimiento con la formación. La televisión puede desempeñar una función educativa importante. Es una herramienta suficientemente atractiva como para captar la atención del niño y despertar su interés por los contenidos que ofrece. Podemos aprovecharla para posibilitar su aprendizaje, seleccionando programas adecuados para ello y apoyándolos con explicaciones oportunas que le permitan entender los contenidos.

• Es necesario llegar a *acuerdos* con los hijos para hacer un uso responsable de la televisión. En función de su edad, de su responsabilidad y grado de madurez, podemos negociar con ellos los criterios y establecerlos conjuntamente. Con los más pequeños probablemente funcionarán mejor las pautas claras y la regularidad, por lo que debemos tener una actitud menos negociadora y más directiva en el establecimiento de las normas.

• Podemos ver la televisión *en familia* y en grupo. Algunos niños ven la televisión solos, sin hermanos ni amigos, y en ausencia de sus padres o mientras éstos hacen otras tareas. Un niño que ve una película en solitario pierde una valiosa oportunidad de compartir con otras personas, no sólo su tiempo libre, sino también momentos de risa, emoción, tristeza, alegría. Cuando no es posible ver el programa con él, podemos aprovechar para que nos cuente después la historia, cómo la ha vivido, qué es lo que más le ha impresionado, qué cosas o situaciones le han llamado la atención, qué ha aprendido. El niño puede recrear su experiencia y compartirla así con nosotros, dando también rienda suelta a su imaginación y creatividad.

• La televisión puede ser un buen pretexto para fomentar la *comunicación*. Lo importante no debería ser el programa en sí, mientras cada miembro de la familia lo contempla ensimismado, y cuando termina se marcha cada uno a lo suyo. Probablemente lo mejor de cualquier programa no es lo que sale por la pantalla, sino la posibilidad de compartirlo con las personas con las que estamos. Después de ver con nuestros hijos algún programa, podemos charlar juntos sobre lo que hemos visto. Tenemos así la posibilidad de contrastar las diversas opiniones y puntos de vista, comentar los contenidos, explicar y razonar con ellos algunas cuestiones. Esta reflexión compartida nos permite, sobre todo, transmitir valores y obtener algunas enseñanzas, y puede contribuir a fomentar su capacidad crítica.

Internet

Internet se ha instalado en nuestro día a día. Ha pasado a ser algo cotidiano y cercano para la mayor parte de los jóvenes, que se forman y aprenden con relativa rapidez el manejo de las nuevas tecnologías, asociado en muchos casos a los juegos de ordenador. Se puede acceder a la Red desde los hogares, los colegios, las bibliotecas, desde establecimientos que prestan ese servicio. Y con los modernos sistemas de conexión, casi desde cualquier parte.

La Red se ha convertido en una poderosa herramienta educativa. Es una fuente inagotable de información a la que se puede acceder al instante. Las enormes posibilidades que ofrece deben ser utilizadas con criterio por los jóvenes. Se puede hacer uso de las mismas con ingenuidad, con picardía e incluso con malicia.

Las precauciones no son infundadas. Las páginas pornográficas, la difusión de ideologías de carácter violento, las posibilidades de contacto con personas «virtuales» de las que no se tiene más referencia que la que deciden que aparezca en la pantalla, la posible cesión de datos personales y privados, el robo de información confidencial.

Debemos poner en alerta a nuestros hijos sobre estas cuestiones y educarles en el uso adecuado de una tecnología tan potente. Podemos utilizar filtros para limitar el acceso a diversos contenidos no deseados. Y enseñarles estrategias precisas de búsqueda, para que puedan localizar la información que deseen con rapidez y precisión.

Debemos también limitar y regular de algún modo los horarios en los que accedan a Internet y el tiempo de conexión. No es razonable permitirles dedicar todo o la mayor parte de su tiempo a estar conectados. Esto les impediría atender debidamente al resto de tareas, entre ellas las escolares. También puede limitar el contacto social, la relación cara a cara y la comunicación con la familia.

Padres con vida propia

Algunos padres viven casi en exclusiva para sus hijos. Dedican a ellos todo su tiempo disponible. Son padres a tiempo completo y de jornada «extensiva» que son capaces de sacrificar sus vidas, dejar aparcados sin fecha sus proyectos, renunciar a sus aficiones, anular su vida social, paralizar su desarrollo personal.

Si los padres deciden vivir «esclavos» de sus hijos, pueden acabar por convertir a éstos en los «amos». Y esos papeles respectivos ni les corresponden ni les benefician.

Igual que la pareja está compuesta de dos miembros y eso no impide el desarrollo individual de cada uno de ellos, la familia, compuesta de padres e hijos, no debe cercenar o sacrificar el desarrollo de unos u otros. Un hijo es *un miembro más* de la familia. La pareja no puede girar en torno al hijo como si fuese «el centro» o «lo único». Cuando los padres detienen su propio desarrollo personal para vivir únicamente para sus hijos, dejan de enriquecerse y acaban equivocando su verdadero papel como padres.

El exceso de celo puede hacer que se pase de la abnegación a la autonegación. Si los padres justifican su relación sólo en la educación del hijo, olvidándose de su propio crecimiento personal y de mejorar y cuidar su relación de pareja, no es de extrañar que ésta acabe viéndose afectada. Y si no lo hace mientras el hijo continúa viviendo en el hogar, tal vez lo haga cuando llegue el momento de que éste se marche. Los padres pueden entonces acusar muy negativamente ese síndrome del «nido vacío». Se quedan solos, faltos de lo que ha constituido su motivación y único objetivo. ¿Cómo van a canalizar ahora toda esa energía que se asignaba por completo a los hijos?

Usted debe recordar que no solamente es padre o madre. También es una persona. Y, por supuesto, no puede vivir esclavizado a su hijo. Los hijos deben recibir la necesaria atención, no sólo material sino también emocional, pero también necesitarán su propio espacio, su autonomía, su independencia. Vivir únicamente por y para ellos, haciéndoles sentirse poseedores de unos padres en exclusiva, no es ni razonable ni conveniente.

Usted tiene derecho a ser feliz cada día, a compartir y disfrutar con su pareja, a tener su propia vida y sus amigos, a disponer de un tiempo personal exclusivo. No olvide que unos padres que no enriquecen también sus propias vidas pueden encontrarse faltos de capital personal y emocional con el que poder a su vez enriquecer la de su hijo.

Una guía para educar

Solamente dos legados duraderos podemos aspirar a dejar a nuestros hijos: uno, raíces; el otro, alas.
HOLDING CARTER

La educación eficaz consiste en lograr el equilibrio entre la firmeza y la flexibilidad, la razón y las emociones, el control y la libertad.

La dificultad estriba en muchos casos en saber encontrar ese «punto medio» ideal. De la dirección y la supervisión eficaz basadas en la competencia, la autoridad y el reconocimiento, se puede pasar al control patológico basado en infundir miedo, crear sentimientos de culpabilidad o aplicar castigos frecuentes. Media un abismo entre las consecuencias del afecto sincero y las que produce el chantaje emocional.

A continuación se proponen sesenta criterios que pueden servir de guía para educar a los hijos:

- Desarrollar progresivamente la autonomía, reducir la dependencia.
- Protegerle, evitando caer en la sobreprotección.
- Proporcionarle afecto y cariño, basando la relación en el amor.
- Mostrarse cercano y disponible, evitando el distanciamiento.
- Dedicarle la atención necesaria.
- Demostrar interés por él.
- Procurar un cierto orden en su vida.
- Establecer normas y pautas adecuadas que le sirvan de referencia.
- Potenciar una disciplina razonable sin caer en la represión.
- Establecer límites claros y ampliar progresivamente el margen de libertad.
- Hacer concesiones cuando sea oportuno.
- Convertirnos en un ejemplo para él.
- Preparar y planificar para evitar la improvisación.
- Buscar el acuerdo con el cónyuge; actuar coordinada y consecuentemente.

- Tener criterios claros que reduzcan la arbitrariedad.
- Establecer hábitos saludables.
- Procurar un ambiente de estabilidad, equilibrio y armonía.
- Fomentar la cooperación.
- Posibilitar la participación activa y la integración en la familia.
- Mostrar al hijo aceptación incondicional y evitar sentimientos de rechazo.
- Recurrir preferentemente a la alabanza reduciendo la crítica en lo posible.
- Mostrarse comprensivo, evitando la actitud intolerante.
- Ser generosos en el reconocimiento de las cualidades y progresos del hijo.
- Crear un ambiente alegre, desarrollando y empleando el sentido al humor.
- Transmitir ilusión y esperanza.
- Motivar y animar al hijo adecuadamente.
- Mostrar paciencia y fomentarla en el hijo.
- Potenciar el autocontrol en el hijo y demostrarlo con la propia conducta.
- Tener tranquilidad y contagiar serenidad.
- Mostrar convencimiento y transmitir seguridad.
- Tomar decisiones y mostrarse decidido.
- Demostrar y poner confianza en el hijo.
- Desarrollar el sentido de la responsabilidad, evitando la culpabilidad.
- Tener empatía y una actitud altruista, enseñar a compartir.
- Mostrar madurez y potenciarla en el hijo.
- Demostrar sensatez y cordura con los actos.

- Desarrollar la sociabilidad del hijo potenciando el contacto social.
- Promover actividades enriquecedoras que eviten la ociosidad pasiva.
- Desarrollar la autoestima y el sentimiento de valía en el seno de la familia.
- Adoptar y transmitir una actitud positiva ante la vida.
- Mostrar constancia, perseverancia y tenacidad, y potenciarlas en el hijo.
- Tratar al hijo con amabilidad y cortesía, evitando la agresividad.
- Desarrollar la reflexión, por oposición a la impulsividad.
- Mostrar firmeza y determinación.
- Cumplir y solicitar el cumplimiento de la palabra dada.
- Valorar los aspectos positivos, evitando humillar por los defectos.
- Basar la estrategia educativa en la recompensa antes que en el castigo.
- Demostrar moderación, mesura y ponderación.
- Transmitir y desarrollar valores.
- Mostrar coherencia, en actos, palabras y decisiones, con los propios criterios.
- Potenciar la comunicación y la relación entre los miembros de la familia.
- Facilitar y posibilitar el diálogo, evitando la comunicación unidireccional.
- Escuchar activamente al hijo desde el respeto.
- Expresarse con sinceridad y franqueza, sin dobleces ni engaños.
- Saber disculpar las equivocaciones y ser benevolentes.

SESENTA CRITERIOS PARA EDUCAR					
POTENCIAR	REDUCIR	POTENCIAR	REDUCIR	POTENCIAR	REDUCIR
Autonomía	Dependencia	Alabanza	Crítica	Constancia	Inconstancia
Protección	Sobreprotección	Reconocimiento	Reproche	Amabilidad	Agresividad
Afecto	Frialdad	Comprensión	Intolerancia	Reflexión	Impulsividad
Cercanía	Distanciamiento	Humor	Seriedad	Firmeza	Laxitud
Atención	Desatención	Ilusión	Desilusión	Cumplimiento	Incumplimiento
Interés	Desinterés	Motivación	Desmotivación	Valoración	Humillación
Orden	Desorden	Paciencia	Impaciencia	Recompensa	Castigo
Normas	Desbarajuste	Autocontrol	Descontrol	Moderación	Exceso
Disciplina	Represión	Serenidad	Ansiedad	Valores	Desorientación
Límites	Consentimiento	Seguridad	Inseguridad	Coherencia	Incoherencia
Concesión	Capitulación	Decisión	Indecisión	Comunicación	Incomunicación
Ejemplo	Inconsistencia	Confianza	Desconfianza	Diálogo	Monólogo
Preparación	Improvisación	Responsabilidad	Culpabilidad	Escucha	Interrupción
Acuerdo	Desacuerdo	Altruismo	Egoísmo	Sinceridad	Mentira
Criterio	Arbitrariedad	Madurez	Inmadurez	Benevolencia	Inclemencia
Hábitos	Variabilidad	Sensatez	Irresponsabilidad	Justicia	Injusticia
Estabilidad	Inestabilidad	Sociabilidad	Aislamiento	Equidad	Favoritismo
Cooperación	Competitividad	Actividad	Ociosidad	Creatividad	Automatismo
Participación	Exclusión	Autoestima	Autodesprecio	Certidumbre	Incertidumbre
Aceptación	Rechazo	Positivismo	Negativismo	Respeto	Desconsideración

- Actuar con sentido de la justicia y la ecuanimidad.
- Tratar a los hijos con equidad, sin favoritismos o preferencias
- Desarrollar la creatividad y potenciar la capacidad creativa en el hijo.
- Crear un entorno previsible que disminuya la inseguridad y la incertidumbre.
- Tener una actitud de respeto hacia el hijo, evitando la desconsideración.

Escuela de padres

Nada ni nadie puede impedir que sufran, que las agujas avancen en el reloj, que decidan por ellos, que se equivoquen, que crezcan y que un día nos digan adiós.

JOAN MANUEL SERRAT («ESOS LOCOS BAJITOS»)

Una madre que asistía a una de las ediciones de la escuela de padres se quejaba del comentario que le habían hecho algunos conocidos en relación a sus hijos:

—Te han salido buenísimos.

Ella afirmaba con cierta indignación:

—Me lo dicen como si estuvieran refiriéndose a una partida de melones. Algo habremos hecho también nosotros.

No sólo habían hecho mucho; además, estaban dispuestos a hacerlo mejor, y con ese motivo asistían a las sesiones de formación. La escuela de padres es un recurso especialmente diseñado para padres y madres, con objeto de ayudarles y apoyarles en su función educativa y socializadora.

La responsabilidad e interés que muestran las personas que asisten a estas actividades es notable. Como en el caso anterior, algunos padres no encuentran dificultades especiales en la educación de sus hijos y simplemente asisten porque desean saber más y mejorar en su tarea educativa. Otros plantean problemas concretos que desean resolver. En algunos casos entienden que necesitan introducir algún cambio en su comportamiento o actitud respecto a sus hijos, pero no saben muy bien cómo llevarlo a cabo.

Aunque el porcentaje de madres suele superar al de padres, la asistencia de éstos ha ido en aumento. Hay también padres y madres que no encuentran tiempo entre sus ocupaciones para poder asistir a la misma, y algunos ni siquiera contemplan la necesidad de recibir ese tipo de formación.

La escuela de padres se propone entre sus objetivos:

- Propiciar un espacio para reflexionar sobre la función parental.
- Compartir experiencias y situaciones cotidianas que se viven en el entorno familiar.
- Posibilitar el intercambio de opiniones y puntos de vista.
- Analizar las sucesivas etapas que atraviesa la familia en su ciclo de vida.
- Propiciar el conocimiento de las fases evolutivas del desarrollo del niño.
- Aportar criterios básicos y estrategias educativas.
- Ofrecer pautas para desarrollar la autonomía y la madurez de los hijos.
- Propiciar su estabilidad, autoestima, equilibrio emocional y desarrollo personal.

- Estimular la comunicación en el grupo familiar.
- Proporcionar pautas para prevenir situaciones problemáticas.
- Ofrecer estrategias para resolver y superar conflictos.
- Contribuir a mejorar la dinámica familiar y al desarrollo de todos sus miembros.
- Desarrollar habilidades para el desempeño eficaz del papel de padres.

La mayoría de los padres conoce bien a sus hijos, aunque en algún caso se muestran desconcertados ante algunos de sus comportamientos. Les resulta inexplicable que su hijo pueda ser o actuar de determinada manera con la educación que le han proporcionado. En algunos casos puntuales la situación puede haber llegado a ser tan crítica que les costaba incluso encontrarle tan sólo un aspecto positivo. Anclados en los defectos y limitaciones que encuentran en él, se muestran incapaces de alcanzar a ver más allá del problema, de mencionar sus cualidades con objetividad, de encontrar soluciones.

Algunos padres buscan recibir los consejos prácticos, pidiendo la receta de aplicación rápida y eficaz. Otros se interesan más por comprender el soporte teórico, intentando entender el porqué de cada estrategia, conocer las condiciones y la oportunidad de su aplicación para que puedan resultar realmente eficaces. En general, son conscientes de la necesidad de adaptar las diferentes estrategias a cada caso particular. Y muchos de ellos lo consiguen.

Lo que debemos hacer como padres es creérnoslo realmente. Creer en nuestra capacidad, saber que podemos aprender a hacerlo mejor, valorar nuestra buena disposición y no dejarnos abatir por la desesperanza. Aquellos padres que se sienten más motivados, esperanzados y capaces de educar correctamente a sus hijos, obtienen más y mejores resultados.

La información y el conocimiento de las estrategias es algo necesario, pero lo imprescindible es querer hacerlo mejor y creer en las propias capacidades.

Conclusión
Algunas claves educativas

Educación, justicia y libertad son tres grandes pilares sobre los que es posible construir un mundo más respetuoso, equitativo y solidario.
GUILLERMO BALLENATO

• La educación de los hijos se sustenta sobre algunos *pilares básicos* entre los que cabe destacar el afecto, el diálogo, la autoridad, el respeto y la coherencia.

• Cada hijo y cada familia tienen características específicas. La *adaptación* de las estrategias educativas a cada caso particular contribuirá decididamente a garantizar su eficacia.

• El *acuerdo y apoyo* mutuo entre los padres en cuanto a la educación de sus hijos son básicos. Evita que se produzcan arbitrariedades y discusiones que desorientan al niño.

• Partir de determinadas *estrategias y objetivos* es útil, no sólo para «salir del paso» en determinadas situaciones problemáticas, sino también con carácter preventivo y para alcanzar metas a largo plazo.

• Los problemas de los hijos se pueden *analizar objetivamente, estudiando las causas y buscando soluciones.* El diálogo debe llevar a lograr acuerdos con los que se debe *ser consecuente.*

• *Culpabilizarse o culpar* al cónyuge de la aparición de determinadas conductas problemáticas en los hijos no contribuye a facilitar su resolución. Esa energía se canalizará mejor buscando juntos estrategias educativas alternativas.

• *La comunicación, la comprensión y el diálogo* con los hijos aumenta la confianza de éstos en los padres, evita confusiones, previene la aparición de problemas y facilita su resolución.

• La *empatía,* ponerse en el lugar del otro, ayuda a comprender mejor el punto de vista de los hijos y su forma de actuar. También nos ayuda a darle a conocer nuestros puntos de vista.

• Las *comparaciones* entre los hijos, o de éstos con otros niños, pueden producir un efecto negativo.

• Los *problemas personales* pueden interferir en las relaciones entre padres e hijos. El hijo, en ocasiones, «paga los platos rotos». Pedir disculpas a un hijo va en favor de la imagen paterna y beneficia la relación.

• El *ambiente familiar estable* permite una evolución psicológica más equilibrada y armónica.

• Las *experiencias pasadas* sirven de base a los nuevos aprendizajes. Esto es especialmente importante en la infancia.

• La *estimulación sensorial* es imprescindible para el desarrollo. Es importante procurar un entorno rico en estímulos, que ofrezca oportunidades de aprendizaje y exploración en diferentes escenarios.

• El *juego* permite desarrollar la motricidad, la imaginación, la creatividad, la sociabilidad, la aceptación de reglas y normas grupales, desarrolla y estimula la percepción, la atención, la concentración, la inteligencia, la memoria.

• El afecto que el hijo recibe de sus *padres* ayuda a su posterior desarrollo personal, intelectual y social. La *madre* es un importante punto de referencia para el recién nacido.

• La *calidad en la relación afectiva* es tanto o más importante que la cantidad.

• El afecto es vital en los primeros meses de vida. *Situaciones críticas* de abandono afectivo, dureza en el trato familiar, discusiones violentas de los padres, pueden ser origen de déficits o trastornos posteriores.

• Los padres son los primeros y principales *agentes de socialización.* Modelan la conducta del hijo administrando premios y castigos. Posteriormente cobrará importancia la relación con otros miembros de la familia, amigos, profesores, etc.

• En los primeros años de vida los hijos *necesitan normas claras* en cuanto a horarios, hábitos, pautas de conducta y convivencia. La ausencia de éstas puede producir desorientación y conflictos.

• La progresiva *flexibilización de las normas* variará en función de la edad y características de los hijos, y del contexto o situación.

• Un objetivo importante de la educación debe ser enseñar a los hijos a *hacer frente a los problemas y frustraciones* que la vida les va a presentar. Para ello es necesario el desarrollo integral de una personalidad fuerte y segura, capaz de afrontar los choques emocionales y las dificultades.

• El desarrollo de la *autonomía e independencia* son necesarios para asegurar la futura adaptación al mundo adulto.

• La *sobreprotección* puede generar mayor dependencia, menor resistencia a la frustración y mayor retraso en el desarrollo personal y afectivo.

• Una tolerancia demasiado *indulgente* puede convertir al hijo en un «pequeño tirano». Un control excesivamente *represivo* resultará igualmente inadecuado.

• El *grado de libertad* debe ser progresivo y decidido por los padres. Una independencia brusca puede ser confundida con desinterés. *La edad y el contexto* en que se desenvuelve el niño son factores a tener en cuenta.

• *Libertad implica responsabilidad.* El adolescente debe ser capaz de valorar sus propios errores y aprender de ellos. El abuso de la crítica y del reproche por parte de los padres tiene un efecto negativo.

• La *educación sexual* es un tema importante para el adolescente, y debe encontrar respuestas adecuadas en padres y educadores.

• Es importante que exista *coincidencia* entre lo que el hijo aprende en casa y en el ámbito escolar.

• El ser humano aprende las conductas en función de los *resultados* que obtiene de ellas. Si la consecuencia de una conducta es un *premio* (material/regalo, verbal/aprobación, social/atención), tenderá a repetirla. Si no obtiene consecuencias, o éstas son negativas, como en el caso del *castigo* (ausencia de premio o de atención, desaprobación, aislamiento), en general, tenderá a desaparecer.

• Antes de pedir al niño que haga algo hay que enseñarle *cómo se hace*, en términos que él pueda entender, o bien presentando un modelo.

• Los hijos deben *conocer de antemano* qué conductas son adecuadas y cuáles no lo son, y si estas últimas van a ser castigadas.

• La *primera vez* que aparece una conducta inadecuada se puede explicar y razonar por qué es incorrecta. Si esto se realiza antes de que ésta se haya producido, se habrá realizado una importante labor de prevención.

• Premio y castigo deben ser *inmediatos* a la realización de la conducta. El premio podrá ir demorándose. El castigo en ningún caso. Ambos serán *proporcionales* a la conducta.

• Es conveniente empezar por premiar conductas que se *aproximen* a la conducta deseada.

• El *castigo* puede producir *efectos secundarios* no deseados. A veces no elimina la conducta; el niño aprende a ocultarla y a evitar a las personas que le van a castigar. Puede ser tan útil para aprender una conducta como lo es el premio. Será el *último recurso* a emplear, cuando ninguna otra estrategia aplicada con rigor haya dado resultado.

• El *castigo* será eficaz si cumple determinadas condiciones: haber presentado al niño un modelo alternativo de conducta, que dicha conducta forme parte de su repertorio de conductas, que el castigo se asocie claramente a dicha conducta, que sea proporcional a la misma. La aparición de la conducta alternativa debe reforzarse de manera clara.

• Uno de los peores castigos consiste en la *retirada de atención.* Un premio de indiscutible eficacia suele ser el prestar atención.

• Hay que *cumplir lo prometido.* No cumplir una promesa deteriora la imagen paterna, genera desconfianza e inseguridad, y hace que pierdan valor futuras promesas de premios o castigos.

• La conducta también está determinada por lo que los demás esperan de nosotros. A veces los hijos se limitan a cumplir las *expectativas* que sobre ellos tienen los padres. Éstas influyen en el concepto que tienen de sí mismos y en la conducta.

• Los niños aprenden observando. Tienden a *imitar a los padres*, que son los modelos más cercanos. También lo son hermanos, amigos, profesores, personajes de la televisión. De este modo se aprenden muchas conductas y se van interiorizando valores, ideales, actitudes.

• Las *consecuencias que obtiene el modelo* con su conducta son percibidas por el niño. Éste, a su vez, imitará dichas conductas con la pretensión de obtener los mismos resultados.

• El secreto a la hora de educar está en encontrar el *término medio.* No pasarse ni quedarse corto. Educar implica dirigir, orientar en alguna dirección. Requiere de una reflexión previa y de una constante toma de decisiones, desde la coherencia y la ecuanimidad.

• Un niño que es tratado con *respeto, justicia, tolerancia, aprobación y afecto*, aprende a quererse y a querer, a respetar a los demás, a ser justo y tolerante.

Algunas propuestas:

- Menos sillón y más actividad.
- Menos televisión y más convivencia.
- Menos realidad virtual y más vivencias.
- Menos videojuegos y más interacción.
- Menos actos impulsivos y más reflexión.
- Menos advertencias y más cumplimientos.
- Menos exigencias y más responsabilidades.
- Menos noche y más día.

Bibliografía

ÁLAVA, M. J. y PALACIOS, P., *¿Es feliz un niño en la guardería?*, Narcea, Madrid, 1981.

—, *El No también ayuda a crecer*, La Esfera de los Libros, Madrid, 2002.

—, *La inutilidad del sufrimiento*, La Esfera de los Libros, Madrid, 2003.

ALDECOA, J., *et al.*, *La educación de nuestros hijos*, Temas de Hoy, Madrid, 2001.

ALFONSO, C., *La participación de los padres y madres en la escuela*, Graó, Madrid, 2003.

ALONSO, J. y ROMÁN, J. M., *Educación familiar y autoconcepto en niños pequeños*, Pirámide, Madrid, 2003.

ALPI, L., *Adaptación a la escuela infantil: niños, familias y educadores al comenzar la escuela*, Narcea, Madrid, 2002.

ANGULO, J. y REGUILÓN, J. A., *Hijos del corazón*, Temas de Hoy, Madrid, 2001.

BAETA, E., *La adopción explicada a mis hijos*, Plaza y Janés, Barcelona, 2002.

BALLENATO, G., *Técnicas de estudio. El aprendizaje activo y positivo*, Pirámide, Madrid, 2005.

—, *Trabajo en equipo. Dinámica y participación en los grupos*, Pirámide, Madrid, 2005.

—, *Comunicación eficaz. Teoría y práctica de la comunicación humana*, Pirámide, Madrid, 2006.

BANDURA, A. y WALTERS, R. H., *Aprendizaje social y desarrollo de la personalidad*, Alianza Editorial, Madrid, 1980.

BARÁIBAR, R., MOLINA, V. y MUNAR, C., *Preparaos, papás*, Plaza y Janés, Barcelona, 1998.

BARRIO, M. V., *Emociones infantiles: evolución, evaluación y prevención*, Pirámide, Madrid, 2002.

BAS, F. y VERANIA, A., *Trastornos de la alimentación en nuestros hijos*, E.O.S., Madrid, 2000.

BAYARD, R. T. y BAYARD, J., *¡Socorro! Tengo un hijo adolescente*, Temas de Hoy, Madrid, 1998.

BELTRÁN, J. A. y PÉREZ, L. F., *Educar para el siglo XXI*, CCS, Madrid, 2000.

BENOIT, J. A., *La disciplina en casa*, Ediciones Mensajero, Bilbao, 2002.

BERGERON, M., *El desarrollo psicológico del niño: desde la primera edad hasta la adolescencia*, Morata, Madrid, 1985.

BOADA, H., *El desarrollo de la comunicación en el niño*, Anthropos, Barcelona, 1986.

BOWLBY, J., *Vínculos afectivos: formación, desarrollo y pérdida*, Morata, Madrid, 1999.

BRACONNIER, A., *Guía del adolescente*, Síntesis, Madrid, 2003.

BRAZELTON, T. B., *Escuchemos al niño*, Plaza y Janés, Barcelona, 1989.

CAMPS, V. y GINER, S., *Manual de civismo*, Ariel, Barcelona, 1998.

CANTERAS MURILLO, A., *Sentido, valores y creencias en los jóvenes*, INJUVE, Madrid, 2003.

CANTÓN, J., CORTÉS, M. R. y JUSTICIA, M. D., *Conflictos matrimoniales, divorcio y desarrollo de los hijos*, Pirámide, Madrid, 2000.

CARROBLES, J. A. y PÉREZ-PAREJA, J., *Escuela de padres. Guía práctica para evitar problemas de conducta y mejorar el desarrollo infantil*, Pirámide, Madrid, 1999.

CASTELL, P., *Guía práctica de la salud y psicología del niño*, Planeta, Barcelona, 1999.

—, *Separarse bien*, Espasa, Madrid, 2004.

— y SALGADO, G., *Salir de noche y dormir de día*, Planeta, Barcelona, 1998.

— y SILBER, J. T., *Guía práctica de la salud y psicología del adolescente*, Planeta, Barcelona, 1998.

CASTILLO, G., *El adolescente y sus retos. La aventura de hacerse mayor*, Pirámide, Madrid, 1999.

—, *Claves para entender a mi hijo adolescente*, Pirámide, Madrid, 2003.

CEREZO, E., *La violencia en las aulas*, Pirámide, Madrid, 2001.

CHALLAMEL, M. J. y THIRION, M., *Mi hijo no duerme: ¿qué puedo hacer?*, Obelisco, Barcelona, 2003.

CRISPO, R. y GUELAR, D., *La adolescencia: manual de supervivencia*, Gedisa, Barcelona, 2002.

DELVAL, J., *Lecturas de psicología del niño (I y II)*, Alianza Editorial, Madrid, 1978.

DOLTO, E., *La educación en el núcleo familiar*, Paidós, Barcelona, 1999.

DOMÉNECH, M., *Padres y adolescentes. ¡Cuántas dudas!*, Aguilar, Madrid, 2006.

DURÁN, A. y BUENO, F. J., *Familia y drogodependencia*, Ayuntamiento de Valencia, Programa Municipal de Drogodependencias, Valencia, 1996.

EGUIA, J., *Cómo ayudar a solucionar los problemas de sus hijos*, E.O.S., Madrid, 1998.

ELÍAS, M. J., TOBÍAS, S. E. y FRIEDLANDER, B. S., *Educar adolescentes con inteligencia emocional*, Mondadori, Barcelona, 2003.

ELIOTT, C. y SMITH, L., *¿Por qué no podemos ser los padres que deseamos ser?*, Edaf, Madrid, 2001.

ELZO, J., *El silencio de los adolescentes: Lo que no cuentan a sus padres*, Temas de Hoy, Madrid, 2000.

ESCAJA, A., *Educar en familia: Propuestas para una educación preventiva*, CCS, Madrid, 2003.

FELDMAN, J. R., *Autoestima ¿cómo desarrollarla?: Juegos, actividades, recursos, experiencias creativas*, Narcea, Madrid, 2000.

FERNÁNDEZ, E. y GODOY, C., *El niño ante el divorcio*, Pirámide, Madrid, 2002.

FERNÁNDEZ, J. M. y BUELA-CASAL, G., *Manual para padres desesperados con hijos adolescentes*, Pirámide, Madrid, 2002.

FERRERÓS, M. L., *Pórtate bien*, Planeta, Barcelona, 2003.

FRESNILLO, V., FRESNILLO, R. y FRESNILLO, M. L., *Escuela de padres*, Ayuntamiento de Madrid: Área de Servicios Sociales, Madrid, 2000.

GARAIGORDOBIL, M., *Intervención psicológica para desarrollar la personalidad infantil: juego, conducta prosocial y creatividad*, Pirámide, Madrid, 2002.

GARBER, S., GARBER, M. y SPIZMAN, R. F., *Portarse bien*, Ediciones Médici, Barcelona, 1992.

GARCÍA, L., *Educar a los más pequeños: guía práctica para padres inquietos*, Temas de Hoy, Madrid, 2004.

GARCÍA, E. M. y MAGAZ, Á., *Educar, cómo y por qué: guía para padres y madres*, Albor COHS, Madrid, 2000.

GARRIDO, V., *Los hijos tiranos. El Síndrome del Emperador*, Ariel, Barcelona, 2005.

GELFAND, D. M. y HARTMANN, D. P., *Análisis y terapia de la conducta infantil*, Pirámide, Madrid, 1989.

GERVILLA, E., *Educación familiar: Nuevas relaciones humanas y humanizadoras*, Narcea, Madrid, 2002.

GIRÁLDEZ, M. A., *Nosotros y nuestros hijos*, San Pablo, Madrid, 1997.

GOLEMAN, D., *Inteligencia emocional*, Kairós, Barcelona, 1996.

—, *Educar con inteligencia emocional*, Plaza y Janés, Barcelona, 2000.

GOÑI, A., *Adolescencia y discusiones familiares*, E.O.S., Madrid, 2000.

GOOTMAN, M., *Guía para educar con disciplina y cariño*, Médici, Barcelona, 1997.

GRACIA, M., *Comunicación y lenguaje en primeras edades: intervención con familias*, Milenio, Lleida, 2002.

GURTLER, H., *Los niños necesitan normas*, Médici, Barcelona, 2000.

HERAS, J. DE LAS, *Rebeldes con causa*, Espasa, Madrid, 1999.

HERBERT, M., *Trastornos de conducta en la infancia y la adolescencia*, Paidós, Barcelona, 1983.

—, *Entre la tolerancia y la disciplina*, Paidós, Barcelona, 1995.

—, *Padres e hijos. Mejorar los hábitos y las relaciones*, Pirámide, Madrid, 2002.

—, *Padres e hijos. Problemas cotidianos en la infancia*, Pirámide, Madrid, 2002.

JONES, C., *Cómo ser el mejor profesor de su hijo preescolar. / Cómo ser el mejor profesor de su hijo en edad escolar*, Ediciones Médici, Barcelona, 1992.

KAZDIN, A. L. y BUELA-CASAL, G., *Conducta antisocial. Evaluación, tratamiento y prevención en la infancia y adolescencia*, Pirámide, Madrid, 1994.

KEVIN, S., *Los 10 errores más comunes de los padres... y cómo evitarlos*, Edaf, Madrid, 2000.

KLATTE, W. C., *Padres a distancia*, Mondadori, Barcelona, 2003.

LACASA, P., *Familias y escuelas. Caminos de la orientación educativa*, Visor, Madrid, 1997.

LARROY, C. y PUENTE, M. L. DE LA, *El niño desobediente: estrategias para su control*, Pirámide, Madrid, 1998.

LÓPEZ, F., ETXEBARRÍA, I., FUENTES, M. J. y ORTIZ, M. J. y *Desarrollo afectivo y social*, Pirámide, Madrid, 1999.

— y CAMPO, A., *Prevención de abusos sexuales a menores: guía para educadores y para padres*, Amarú, Salamanca, 1999.

LÓPEZ-BARAJAS, E., *La familia en el tercer milenio*, UNED, Madrid, 1995.

LUDINGTON-HOE, S. y GOLANT, S. K., *Cómo despertar la inteligencia de su bebé*, Ediciones Médici, Barcelona, 1990.

MACIÁ, D., *Un adolescente en mi vida*, Pirámide, Madrid, 2002.

—, *Problemas cotidianos de conducta en la infancia: intervención psicológica en el ámbito clínico y familiar*, Pirámide, Madrid, 2002.

—, *Drogas, ¿por qué?*, Pirámide, Madrid, 2003.

MARCHESI, A., *et al.*, *Desarrollo psicológico y educación*, Alianza, Madrid, 1990.

MATELLANES, M., *Cómo ayudar a nuestros hijos frente a las drogas*, E.O.S., Madrid, 1999.

MEEKS, C., *Recetas para educar*, Médici, Barcelona, 1999.

MEGÍAS, E., *et al.*, *Hijos y padres: Comunicación y conflictos*, Fundación de Ayuda contra la Drogadicción, Madrid, 2002.

MELERO, J., *Conflictividad y violencia en los centros escolares*, Siglo XXI, Madrid, 1993.

MILLIERI, R., *La aventura de ser niño*, Biblioteca Nueva, Madrid, 2003.

MIRALBELLE, E., *Cómo entender a los adolescentes*, EUNSA, Pamplona, 1995.

MONTERO, L., *La aventura de crecer*, Temas de Hoy, Madrid, 1999.

MUÑOZ, F., *Su majestad el niño*, Edaf, Madrid, 2005.

MUSITU, G. y CAVA, M. J., *La familia y la educación*, Octaedro, Barcelona, 2001.

NAOURI, A., *Padres permisivos, hijos tiranos*, Ediciones B, Barcelona, 2005.

NARDONE, G., GIANNOTTI y E. y ROCCHI, R., *Modelos de familia: conocer y resolver los problemas entre padres e hijos*, Herder, Barcelona, 2003.

NITSCH, C. y VON SCHELLING, C., *Límites a los niños*, Médici, Barcelona, 2001.

OLIVARES, J. y MÉNDEZ, J., *Técnicas de modificación de conducta*, Biblioteca Nueva, Madrid, 1998.

OLSNAKER, B., *¿Cómo se lo decimos a los niños?*, Ediciones Médici, Barcelona, 1991.

ORTIGOSA, J. M., *Mi hijo tiene celos*, Pirámide, Madrid, 2002.

PEINE, A. y HOWARTH, R., *Padres e hijos. Problemas cotidianos de conducta*, Siglo XXI, Madrid, 1999.

PÉREZ, R., *El desarrollo emocional de tu hijo*, Paidós, Barcelona, 2004.

PERDOMO, L., *Niños inteligentes y felices*, Pirámide, Madrid, 1998.

PIAGET, J. y INHELDER, B., *Psicología del niño*, Morata, Madrid, 1975.

PIASTRO, J., *Educar niños responsables*, RBA, Barcelona, 2001.

PRADO, E. y AMAYA, J., *Padres obedientes, hijos tiranos*, Trillas, México, 2004.

PUIG I ROVIRA C. y BALÉS I GÓMEZ, C., *¿Qué le pasa a mi hijo? Trastornos psicológicos del niño*, Océano, Barcelona, 1999.

RUANO, R. y SERRA, E., *La familia con hijos adolescentes: sucesos vitales y estrategias de afrontamiento*, Octaedro, Barcelona, 2001.

SAMALIN, N., *Con el cariño no basta*, Médici, Barcelona, 1993.

SAVATER, E., *El valor de educar*, Ariel, Barcelona, 1997.

SEGURA, M., *Enseñar a convivir no es tan difícil*, Desclée de Brouwer, Bilbao, 2005.

SELIGMAN, M. E. P., *Indefensión*, Debate, Madrid, 1981.

SERRANO, I., *Agresividad infantil*, Pirámide, Madrid, 1996.

SILVEIRA, M., *A educar también se aprende*, Alba, Barcelona, 1999.

SPITZ, R., *El primer año de vida del niño*, Aguilar, Madrid, 1979.

STAINBACK, W. y STAINBACK, S., *Cómo mejorar el rendimiento escolar de su hijo*, Ediciones Médici, Barcelona, 1990.

STEEDE, K., *Los 10 errores más comunes de los padres y cómo evitarlos*, Edaf, Madrid, 2001.

TAYLOR, E., *El niño hiperactivo*, Martínez Roca, Barcelona, 1991.

TIBA, I., *Quien ama, educa: cómo enseñar a sus hijos a ser felices*, Obelisco, Barcelona, 2004.

TIERNO, B., *Educar a un adolescente*, Temas de Hoy, Madrid, 2002.

— y ESCAJA, A., *Saber educar*, Temas de Hoy, Madrid, 2000.

TRAVÉ, C., *El niño y sus valores: algunas orientaciones para padres, maestros y educadores*, Desclée de Brouwer, Bilbao, 2001.

URRA, J., *El futuro de la infancia*, Pirámide, Madrid, 2001.

—, *Escuela práctica para padres*, La Esfera de los Libros, Madrid, 2004.

—, *Adolescentes en conflicto. 52 casos reales*, Pirámide, Madrid, 2005.

—, *El pequeño dictador*, La Esfera de los Libros, 2006.

VALENZUELA, E., *et al.*, *Hijos y padres: comunicación y conflictos*, Fundación de Ayuda contra la Drogadicción, Madrid, 2002.

VALLÉS, A., *Cómo desarrollar la autoestima de los hijos*, E.O.S., Madrid, 1998.

—, *La inteligencia emocional de los niños*, E.O.S., Madrid, 2000.

Índice temático